Christina Weise

Glücksorte in Lissabon

Fahr hin & werd glücklich

D

Dieses

Glücksbuch

ist für

Liebe Glücksuchende,

mit diesem Buch möchte ich Sie in meine Wahlheimat Lissabon entführen und meine liebsten Orte preisgeben. Ich nehme Sie mit in jahrhundertealte Gebäude und Straßenbahnen, wir entdecken Handwerkskunst, traditionelle Gerichte und die portugiesische Melancholie. Lissabon befindet sich im stetigen Wandel und dabei können wir zusehen: wie Viertel sich verändern und Traditionelles weicht, neue Kulturräume und grüne Orte entstehen. An vielen Stellen der Stadt existiert Alt noch wie selbstverständlich neben Neu. Und so reisen wir an nur einem Tag durch die Jahrhunderte und Kontraste, kommen von ruhigen Oasen an belebte Treffpunkte, hören Fado und Samba, besichtigen Monumente und Szene-Viertel, trinken Cocktails und essen Süßes. Denn Lissabon schmeckt cremig-süß mit einem Hauch Zimt.
Ich habe mir Lissabon bewusst als Wahlheimat ausgesucht, weil sie so abwechslungsreich ist und eine ganz besondere Poetik hat. Es sind vor allem kleine, alltägliche Beobachtungen, der Klang von Sprache und Musik, der weitschweifende Blick und dieses bezaubernde Licht, die Lissabon so anziehend machen.
Viel Freude beim Stöbern und auf der Entdeckungsreise nach Ihren persönlichen Lissabonner Glücksorten!

Ihre Christina Weise

Deine Glücksorte ...

… noch mehr Glück für dich

Schönste Bougainvillea

1 Am Aussichtspunkt Santa Luzia

Schon von Weitem sticht das leuchtende Pink der Blüten vor dem hellblauen Himmel ins Auge. Für mich ist es der schönste und größte, zumindest freistehende, Bougainvillea-Baum der Stadt. Er steht am Aussichtspunkt Santa Luzia im Herzen der Alfama. Von hier blicken wir auf die Häuser und verwinkelten Gassen des Altstadtviertels und auf den dahinter im Sonnenlicht glitzerndenden Tejo. Dieser Aussichtspunkt bietet nicht nur eine tolle Sicht, sondern ist selbst ein schöner Anblick: Die Ausbuchtungen in der mit blau-weißen Kacheln verzierten Mauer laden zum Sitzen ein; die Säulen, die Pergola mit Schatten spendenden Weinranken und die wunderschöne Bougainvillea. Lissabon wurde auf sieben Hügeln errichtet, und das merkt man bei einem Stadtspaziergang in den Beinen. Belohnt wird der Aufstieg jedes Mal durch einen wunderschönen Panoramablick. Wer nicht den Hügel bis zum Santa Luzia hochlaufen möchte, kann hier den kostenlosen Aufzug Elevador de Santa Luzia nehmen. Er liegt ein paar Stufen unterhalb des Aussichtspunkts in einem schmalen weißen Gebäude zwischen den Häusern der Alfama.

TIPP

Der Aussichtspunkt Portas do Sol nebenan. Perfekt für Wein, Sonnenuntergang, Lichter der Alfama.

Neben dem Aussichtspunkt befindet sich die im 18. Jahrhundert erbaute Kirche Santa Luzia. Das große Kachelmosaik an der Kirchenmauer erzählt Lissabons Eroberung durch die Christen. Gegenüber zeigt ein weiteres Mosaik eine seltene Ansicht des Praça do Comércio, des großen viereckigen Platzes am Ufer des Tejo, vor dem Erdbeben von 1755. Obwohl der Aussichtspunkt täglich von Tausenden Touristen besucht wird, hat er einen ganz besonderen Charme. Das farbliche Zusammenspiel von grünem Wein, blau-weißen Kacheln, kräftigem Pink, roten Dächern und blauem Wasser ist herrlich. Senioren aus der Nachbarschaft treffen sich mittags zum Pläuschchen im Schatten des Baums. Gegen Abend setzen sich Straßenmusiker unter das Blütendach. Pärchen stehen Arm in Arm unter den Weinranken. Ich kann hier wunderbar meinen Gedanken nachhängen und dabei die Schiffe beobachten. Hier habe ich mich endgültig in Lissabon verliebt.

- Miradouro de Santa Luzia, Largo Santa Luzia, 1100-487 Lissabon
- ÖPNV: Haltestelle Miradouro Santa Luzia

Pfauen beobachten

2

Im Botanischen Garten von Ajuda

Ich liebe es, wenn die violetten Blüten der Jacarandá-Bäume ab Mai ganz Lissabon schmücken. Eigentlich kommen sie aus Brasilien und erreichten im 19. Jahrhundert den Botanischen Garten von Ajuda. Hier sollten sie zuerst einfach nur die Sammlung erweitern, wurden dann aber glücklicherweise in der ganzen Stadt verteilt. Das Ziel des Gartens: so viele Pflanzenarten wie möglich zu sammeln, zu erhalten und zu erforschen. Bis zu 5000 verschiedene zählte der Garten zu seiner besten Zeit, heute sind hier noch knapp 1650 zu finden. Die älteste ist ein über 400 Jahre alter Drachenbaum, der schon vor der Errichtung des Gartens hier stand. 1768 ließ König Dom José I den Garten anlegen, um seine Kinder zu unterrichten. Seit 1910 gehört er der Landwirtschaftlichen Fakultät der Technischen Universität von Lissabon. Im unteren Teil ist ein Ziergarten im Renaissance-Stil angelegt, in dessen Mitte der „Schlangenbrunnen" steht. Der Springbrunnen hat 40 Wasseröffnungen in Tierformen: Enten, Frösche, Fische und vor allem Schlangen.

TIPP

Von Belém die hübsche Calçada da Ajuda hochlaufen bis zum großen Nationalpalast von Ajuda.

Lissabon hat einige botanische Gärten, aber dieser gilt als der älteste und einer der schönsten. Ich komme gern hierhin zum Abschalten, Blumenduftschnuppern und Pfauenbeobachten. Mein Lieblingsort ist die mittlere Bank unter der Jacarandá-Allee im oberen Teil des Gartens. Wenn ich geradeaus schaue, blicke ich direkt auf den Springbrunnen, dahinter glitzert der Tejo. Links sind die Brücke und die Christus-Statue zu sehen. Über mir, zwischen den violetten Blüten, sitzen weiße und blaue Pfauen. Da hier nie viele Besucher sind, lassen die Pfauen sich gut beobachten. Weiße Pfauen hatte ich vorher noch nie gesehen und war ganz fasziniert von ihrem Anblick. Als der blaue Pfau dann aber sein Rad schlug, hatte er mich wiedergewonnen. Was für ein wunderbarer Ort, den ich schon oft ganz für mich allein hatte. Nur ab und zu gesellten sich ältere Herren aus der Nachbarschaft zum Zeitunglesen oder Kartenspielen hinzu. Ein Geheimtipp mit Glückspotenzial.

● Jardim Botânico de Ajuda, Calçada da Ajuda, 1300-011 Lissabon
● ÖPNV: Haltestelle Calçada Ajuda

Himmlische Puddingtörtchen

3

Pastéis de Nata

Samtweich, knusprig, unwiderstehlich. Die Lissabonner Blätterteig-Puddingtörtchen sind international beliebt, und auch Einheimische sind davon ganz besessen. In jeder Konditorei kann man sie kaufen, aber nicht überall sind sie hausgemacht. Daher wird jedes Jahr die Konditorei mit den besten Pastéis de Nata gekürt. Auch ich habe mich durch die Stadt geschlemmt und eine kleine Auswahl getroffen:
Confeitaria de Belém. Der Ursprung aller Puddingtörtchen liegt angeblich hier im Hieronymiten-Kloster von Belém. Die Mönche bekamen von Gläubigen häufig Eier und Milch geschenkt. Hinzu gaben sie Zucker, Vanille und Zimt. Das bekamen sie aus den ehemaligen Überseegebieten. Die meisten portugiesischen Desserts bestehen aus einer Eigelb-Zucker-Masse. Das Eiweiß wurde zum Stärken der Roben genutzt. Nach dem geheimen Rezept aus Belém wird noch heute dort gebacken. Die Teilchen sind sehr knusprig. Andere Konditoreien haben eigene Rezepte entwickelt.
Manteigaria. Die kleine Manufaktur widmet sich ausschließlich den Puddingtörtchen – und hat damit riesigen Erfolg. Hinter dem Tresen kann man zusehen, wie der Teig in die Formen gedrückt wird, die Puddingmasse angerührt wird und die duftenden Teilchen aus dem Ofen kommen. Sie sind knusprig und süß – und mein Favorit. Es gibt mehrere Filialen, wie am Largo de Camões.
Pastelaria Aloma. Diese Puddingtörtchen wurden schon öfter zu den besten der Stadt gekürt. Sie sind nicht zu süß und schmecken auch kalt noch gut. Es gibt mehrere Läden in der Stadt, zum Beispiel: Rua Francisco Metrass 67.
Fábrica da Nata. Wer am Backprozess interessiert ist, aber nicht sofort naschen möchte, sollte hierherkommen. Durch eine große Glasscheibe können wir sogar von der Straße aus zusehen. Am besten mit einem Törtchen in der Hand. Es gibt zwei Backstuben: auf der Rua Augusta und am Praça dos Restauradores.
Die Pastéis de Nata halten sich maximal 3 Tage. Am leckersten sind sie warm aus dem Ofen und mit Zimt bestreut.

TIPP

Vegane Pastéis de Nata. Zum Beispiel bei Vegan Nata, Rua da Misericórdia 9.

● Pastéis de Nata, u. a. bei Confeitaria de Belém, Rua de Belém 84 92, 1300-085 Lissabon, pasteisdebelem.pt
● ÖPNV: Haltestelle Mosteiro Jerónimos

Flohmarkt der Diebin

4

Schnäppchenparadies Feira da Ladra

Antike Landkarten liegen säuberlich gestapelt neben extravaganten Lampen, dahinter Geschirr mit Goldornamenten, rechts davon steht geschnitztes Kunsthandwerk. Auf der gegenüberliegenden Straßenseite türmen sich alter Trödel, die letzte Winterkollektion und neue selbst designte Kleidung. Auch Ausgefallenes findet sich auf der Feira da Ladra, dem Flohmarkt der Diebin. Direkt hinter dem Kloster São Vicente de Fora und im Schatten des Nationalen Pantheons bauen zweimal in der Woche Hunderte Händler ihre Stände auf. Obwohl der Flohmarkt international bekannt ist, gibt es noch viele Schnäppchen zu ergattern – man muss aber danach suchen. Und feilschen!

Den Mittelpunkt des Treibens bildet die Markthalle Santa Clara. Sie beheimatet außen kleine Läden, in denen Händlerinnen Antiquitäten, Vintage-Kleidung und Kunst verkaufen. Innen werden Kunsthandwerk und Snacks angeboten. Auf dem Parkplatz davor biegen sich Tapeziertische unter Ausrangiertem und Selbstgemachtem. Die Straße, die von der Markthalle bis zum Platz vor dem Pantheon führt, ist von Tischen übersät, und auf dem großen Platz mit den violett blühenden Bäumen liegen Decken mit Kleidung, Spielzeug und Haushaltswaren auf dem Asphalt. Der Flohmarkt wird seit 1272 abgehalten, damals am Tor zur Burg São Jorge. Seit 1903 ist er hier am Campo de Santa Clara. Wer in Ruhe stöbern möchte, kommt am besten dienstags. Dann sind allerdings in der Regel nicht nur weniger Besucher, sondern auch weniger Stände hier zu finden. Samstags ist großer Flohmarkt-Tag mit dementsprechend viel Gewusel und Angebot. Die ersten Stände werden bereits mit Sonnenaufgang aufgebaut, die meisten sind aber ab 9 Uhr besucherfertig. Am Nachmittag beginnen die Ersten mit dem Abbau. Die Feira da Ladra ist der schönste, größte und beliebteste Flohmarkt Lissabons mit einer einzigartigen Atmosphäre. Wir bekommen einen Einblick in die portugiesische Kultur, vermittelt über die Keller-Schätze der Einheimischen. Zwischen den bunt beladenen Ständen riecht es nach Kaffee und Erinnerungen, Jacarandá-Blüten und frischer Aquarellfarbe.

TIPP

Der kleine, ruhige Park Botto Machado: toller Blick auf das Flohmarkttreiben.

- Feira da Ladra, Campo de Santa Clara, 1100-472 Lissabon
- ÖPNV: Haltestelle Mercado Santa Clara oder Campo Santa Clara

Bücher unterm Kronleuchter

5 In Lissabons ältester Bibliothek

Der sechseckige Raum wirkt wie aus einem Harry-Potter-Film mit dem großen Kronleuchter in der Mitte, schweren Holzregalen und einer Wendeltreppe, die zum Zwischengeschoss führt, auf dem sich weitere Bücherregale oder eher Büchervitrinen befinden. Ich sitze im Salão Nobre, noblen Salon, der ältesten Bibliothek von Lissabon. 1883 wurde sie eröffnet, ihr großer Schatz ist dieser eindrucksvolle Lesesaal. Viele Plätze gibt es nicht an den im Sechseck aufgestellten Holztischen. Wer hier arbeiten möchte, sollte früh kommen. Die Bibliothek öffnet um 11 Uhr und schließt um 19 Uhr. Zwischen 13 und 14 Uhr ist Mittagspause, dann müssen alle das Gebäude verlassen. Von außen sieht es ganz unscheinbar aus, wie das einer normalen portugiesischen Stadtteilbibliothek. Auch der Eingang ist nicht außergewöhnlich: Die Rezeption ist ein Schreibtisch auf dem Gang. Links führt eine verglaste Flügeltür in den Lesesaal, hinten rechts geht es in einen normalen Bibliotheksraum. Der erregt mit seinen schlichten Regalen und weiß gestrichenen Wänden kein Aufsehen. Der noble Lesesaal dagegen schon, er ist einer der schönsten Orte, an denen ich bisher gearbeitet habe. Ich sitze dort zwischen anderen konzentrierten Menschen und schreibe an diesem Buch. Immer wieder schaue ich zu dem prächtigen Kronleuchter hoch und zu den vielen dicken Büchern in den Holzregalen hinter Glastüren. Heute sind hier mit mir drei internationale Studentinnen, die wissenschaftliche Arbeiten verfassen, ein junger Portugiese, der seine Bewerbung schreibt, und ein italienischer Künstler, der sich auf ein Stipendium bewirbt. Drinnen herrscht absolute Stille. Draußen vor dem Fenster allerdings, das immer offen steht, befindet sich der Pausenhof der benachbarten Grundschule.

Nach diesem Tag voller fertig geschriebener Seiten in prächtiger Umgebung gönne ich mir gleich glücksbeschwingt ein Feierabend-Getränk um die Ecke.

- Biblioteca de São Lázaro, Rua do Saco 1, 1150-311 Lissabon
- ÖPNV: Haltestelle Desterro

Auf der Wasserleitung

6 Spaziergang auf dem Aquädukt

Seine höchste Stelle beträgt 65 Meter. Dieser Bogen mit einer Breite von 28 Metern ist der höchste aus Stein gemauerte Spitzbogen der Welt. Darunter führt eine Schnellstraße durch, obendrauf ist ein Spazierweg. Denn die ehemalige Lissabonner Wasserleitung ist für Besucher geöffnet. Was für ein Glück!

Der Spaziergang auf der Wasserleitung ist ein ganz besonderer. Zwischen 1731 und 1748 wurde sie auf königliche Anordnung gebaut. Wie durch ein Wunder überstand der Aquädukt das Erdbeben von 1755 unbeschadet. Dieses verheerende Beben zerstörte zusammen mit dem darauffolgenden Tsunami und mehreren Bränden die Stadt fast vollständig. Insgesamt ist der Aquädukt 19 Kilometer lang, beginnt in der Stadt Queluz und endet im Lissabonner Stadtteil Amoreiras im Gebäude Mãe d'Água, Mutter des Wassers. Von hier aus wurde das Wasser früher auf die Häuser der reichen Bürger und die öffentlichen Brunnen verteilt. Noch heute verlaufen im Inneren des Aquädukts Wasserleitungen, die allerdings nicht mehr für die Trinkwasserversorgung genutzt werden. 1973 wurde der Aquädukt endgültig stillgelegt. Der Fußweg verläuft rechts und links vom geschlossenen Innenbereich, in dem das Wasser fließt.

TIPP
Wassermuseum und Reservoir Mãe d'Água am kleinen Park Jardim das Amoreiras.

Von dem unscheinbaren Eingang im Viertel Campolide steigt der Weg auf dem Aquädukt langsam an, die Bögen unter einem werden höher, die Straßen, Bahnschienen und Hausdächer im Tal von Alcântara kleiner. Auf dem Hinweg überblicken wir die nördlichen Stadtteile Lissabons und gehen auf den Wald Monsanto zu. Auf dem Rückweg sehen wir die Brücke 25 de Abril und die Christus-Statue hinter einem Gewirr von Schnellstraßen und Bahnschienen. Trotz der Höhe stellt sich kein mulmiges Gefühl ein, da das Bauwerk so massiv, der Fußweg breit und die Begrenzungsmauern hoch sind. Stattdessen erfüllt mich das Gefühl einer besonderen Ehre, hier spazieren zu dürfen. Immer wieder gleiten meine Hände über die jahrhundertealten Mauern, und ich lasse die Geschichte auf mich wirken. Das gelingt gut, da hier selten andere Besucher sind.

- Aqueduto das Águas Livres, Calçada da Quintinha 6, 1070-225 Lissabon
- ÖPNV: Haltestelle Campolide oder Calçada Mestres

Auf gut Glück

7 Sich in der Alfama verirren

Ich habe keine gute Orientierung und bin es gewohnt, mich zu verlaufen. Aber in einem der ältesten Viertel Lissabons geht es nicht nur mir so, sondern jedem Besucher. Das ist nicht tragisch, eher ein Geschenk, denn auf diese Weise entdecken wir die hübschesten Ecken und verstecktesten Plätze. Ein Verirren ist gar nicht zu vermeiden, trotz Navigationsapp, denn auch die kennt nicht alle verwinkelten Gässchen und steilen Treppen. Am besten einfach das Handy in der Tasche lassen und auf gut Glück die Alfama erkunden. Nur so zeigt sie auch ihre verborgensten Orte.

Wer das Viertel besucht, kann mit der gelben Tram hineinfahren, aber spätestens dann sollte man aussteigen, denn die schönsten Gassen dieses bewohnten Irrgartens sind nicht mit Verkehrsmitteln erreichbar. Wir beginnen unten am Tejo und steigen zu Fuß langsam den Hügel hinauf, vorbei an gekachelten und farbig gestrichenen Hauswänden, an Pflanzenkübeln, durch ein verschlungenes Gassenlabyrinth, das manchmal so eng ist, dass keine zwei Menschen nebeneinander gehen können. Hier riecht es nach Fisch und frisch gewaschener Wäsche, die auf Spanngittern vor den Fenstern im Wind weht. Durch die wenigen breiteren Straßen rattert die Straßenbahn. Die Alfama ist immer noch ein Dorf in der Stadt mit eigenen Traditionen, aber längst ist sie nicht mehr wie einst die Heimat der Fischer, Handwerker, Hafenarbeiter und ihrer Familien. Damals beherbergte die Alfama auch das Rotlichtviertel. In den 1970ern kamen Künstlerinnen und Gastronomen. Heute ist es das Viertel mit den meisten Lokalen, in denen der traditionelle portugiesische Musikstil Fado aufgeführt wird. Lange war die heruntergekommene Alfama für viele Lissabonner eine No-go-Area. Seit über 10 Jahren boomt sie – die Häuser wurden renoviert, Mieten teurer, und mittlerweile gibt es hier mehr Touristenunterkünfte als normale Wohnungen. Dennoch schafft es das Viertel bisher, seine Seele zu bewahren und mit seinem Charme und den Fado-Klängen Touristen wie Einheimische zu verzaubern.

TIPP

A Tribute: Fotografien an den Hauswänden würdigen Bewohner des Viertels. Auch in der Mouraria.

- Alfama, Largo do Chafariz de Dentro, 1100-172 Lissabon
- ÖPNV: Haltestelle Cais Lingueta oder Santa Apolónia

SCADINHAS
E SÃO
MIGUEL

Nachts zur Kuchenfabrik

8 Bäckerei und Konditorei Azevedo & Vidal

Puddingtörtchen, Schweineöhrchen mit Schokolade, Berliner Ballen mit Cremefüllung – den ganzen Tag sind sie überall in der Stadt zu bekommen. Aber wer kennt das nicht: Gerade wenn die Cafés und Konditoreien geschlossen sind, überkommt einen ein riesiger Appetit auf süßes Gebäck. In Lissabon gibt es dafür den perfekten Ort: die Kuchenfabrik Azevedo & Vidal. Während meines Auslandssemesters habe ich in der Nähe gewohnt und bin oft mit meinen Mitbewohnerinnen oder einer Freundin nach dem Feiern noch schnell zur Fabrik gegangen. Dann gab es meist einen Berliner auf die Hand, Brot und ein süßes Teilchen für das späte Frühstück am nächsten Tag.

Die Backfabrik liegt ganz unscheinbar im Viertel Arroios auf der großen Avenida Almirante Reis. Ein Schild mit dem Logo am Glasfenster der schmalen weißen Eingangstür weist darauf hin, welche Leckereien sich hier verbergen. Sobald geöffnet ist, so gegen 20 Uhr, steht die Tür offen, und direkt dahinter führt eine steile Treppe in den Keller des Hauses. Hier befindet sich die Backstube. Die kann man aber nicht betreten. Die Treppe endet vor einer Tür mit vergittertem Fenster und Durchreiche. Hier gebe ich meine Bestellung auf: einen Berliner mit typisch portugiesischer Eigelb-Zucker-Cremefüllung, für den die Fabrik bekannt ist, und ein großes Schweineöhrchen mit Schokolade. Beides kommt frisch aus dem Ofen. Es gibt auch Brot, Pastéis de Nata, Croissants mit Schoko- oder Cremefüllung und die portugiesischen Reismehl-Muffins Bolos de Arroz. 1978 wurde die Fabrik gegründet und hat sich auf traditionelles portugiesisches Gebäck spezialisiert. Das liegt in den Regalen hinter der Tür. Wer nah an die Plexiglasscheibe herantritt und nach rechts guckt, kann den Bäckern bei der Arbeit zuschauen. An langen Tischen kneten sie und schieben immer wieder mit dem Schießer, dem langen Holzstab, Brote in die Öfen oder holen welche heraus. Mit meinem warmen Berliner in der Hand steige ich die Treppe hinauf und gehe mit einem zufriedenen Lächeln und gezuckerten Lippen durch die beleuchteten Straßen des Viertels.

- Fábrica dos Bolos do Chile Azevedo & Vidal, Avenida Almirante Reis 149 a, 1150-016 Lissabon, fabricadosbolosdochile.pt
- ÖPNV: Haltestelle Arroios oder Praça do Chile/Avenida Almirante Reis

Im Palast der Kunstschätze

9

Museum für Alte Kunst

Bereits 1884 eröffnet ist es eines der ältesten Museen Portugals und beherbergt die bedeutendste Kunstsammlung des Landes: Gemälde, Skulpturen, Gold- und Silberarbeiten, dekorative Kunst aus Europa, Asien, Afrika und dem Orient vom 12. bis 19. Jahrhundert. Zu den über 40.000 Werken gehören auch solche, die als nationale Kunstschätze deklariert werden. Wie das Altarbild von Sankt Vinzenz, gemalt vom portugiesischen Nuno Gonçalves um 1470. Die sechs Gemälde zeigen eine Gruppe von 58 Personen, die sich um zwei Figuren des heiligen Vinzenz versammelt haben. Das Museum befindet sich in einem Palast, der Ende des 17. Jahrhunderts für den Grafen von Alvor gebaut wurde. Einen großen Teil der Ausstellung nimmt die christliche Kunst ein, die sich aus Kunstschätzen der Klöster zusammensetzt. Hier können wir durch eine Glasscheibe den Restauratoren dabei zusehen, wie sie das Altarbild von Sankt Vinzenz bearbeiten. Eine interaktive Tafel erklärt, welche Schäden das Werk hatte, wie sie behoben werden und mit welchen Techniken der Zustand des Bildes stabilisiert wird. Das ist hochinteressant und hat mich lange gefesselt. Wann hat man schon einmal die Möglichkeit, solch wichtige Arbeit zu beobachten?

Der für mich interessanteste Teil des Museums ist aber die Sammlung von Gemälden europäischer Meister vom 14. bis 19. Jahrhundert im Erdgeschoss. Hier finden sich einige namhafte Künstler. Am meisten hat mich das Triptychon von Hieronymus Bosch beeindruckt: Die Versuchung des heiligen Antonius. Vor diesem Werk verweilte ich lange, um die vielen Details zu entdecken. Das Museum für Alte Kunst ist mein liebstes in Lissabon, auch wegen des hübschen Gartens mit einer Pergola, vielen Bäumen, Statuen und Hibiskus-Sträuchern. Es gibt eine Kantine, in der Mittagstisch und Kuchen angeboten werden. Der Garten ist für alle geöffnet, kann also auch ohne Museumsticket besucht werden und eignet sich hervorragend als ruhiger Lese-Ort mit Blick auf den Tejo und den Hafen. Ein Glücksort eben.

TIPP

Der unbekannte Jardim 9 de Abril neben dem Museum. Toller Blick auf den Hafen.

- Museu Nacional de Arte Antiga, Rua das Janelas Verdes, 1249-017 Lissabon
  museudearteantiga.pt
- ÖPNV: Haltestelle Cais Rocha (Museu Nacional Arte Antiga) oder Rua Janelas Verdes (Museu Nacional Arte Antiga)

Goldene Aussicht

10 Aussichtspunkt Nossa Senhora do Monte

Der Blick von hier ist wirklich atemberaubend! Das liegt wohl daran, dass es der höchste Punkt der Stadt ist. Von hier aus können wir alles überblicken: links die Burg São Jorge, darunter das Zentrum und das Viertel Mouraria, dahinter den Fluss, die Brücke 25 de Abril und die Christus-Statue in Almada, rechts den Wald Monsanto, die Ruinen des Klosters Carmo und Häuser, Häuser, Häuser, in deren Fenstern sich das Sonnenlicht spiegelt. Eine Steintafel erklärt, wo was zu sehen ist. Goldene Aussichten – so heißen auf Portugiesisch die Aussichtspunkte: *miradouros*. Dank der vielen Hügel haben wir an zahlreichen Stellen der Stadt eine gute, ja goldene Sicht. Offiziell gibt es mehr als 30 Aussichtspunkte, da ist es wirklich schwer, den besten auszuwählen, denn jeder besitzt einen eigenen Charme, Blickwinkel oder eine Besonderheit. Also habe ich nachgefragt. Alle Lissabonner nannten mir den Miradouro da Nossa Senhora do Monte als ihren liebsten Aussichtspunkt oder zumindest einen der Top Drei. Auf dem breiten Platz des Aussichtspunkts tummeln sich meist viele Leute. Klar, der gute Blick hat sich herumgesprochen. Gleichzeitig ist der Aussichtspunkt auch ein Wallfahrtsort mit einer Marienstatue und einer weißen Kapelle aus dem 13. Jahrhundert. Der sich darin befindende Thron gehörte einem der ersten Lissabonner Bischöfe. Außerdem lagerte hier 1147– vor der Eroberung der Stadt von den Mauren – der erste portugiesische König.
Einige Besucher lassen sich in Tuk-Tuks den Hügel hinauffahren, ich würde dem jederzeit einen Spaziergang vorziehen, auch wenn der Anstieg schweißtreibend ist, besonders im Sommer. Auf dem Weg kommen wir an einigen netten Cafés vorbei, können gekachelte Hausfassaden fotografieren und uns nach der Ankunft glücklich auf eine der Bänke fallen lassen und den Klängen der Straßenmusiker lauschen. Die wechseln sich mehrmals täglich ab, jedes Genre wird gespielt, meist sind es sanfte brasilianische Rhythmen oder Reggae. Wer dem Trubel etwas entgehen möchte, sollte nach Sonnenuntergang kommen und die Lichter der Nacht bestaunen.

- Miradouro da Nossa Senhora do Monte, Largo Monte, 1170-107 Lissabon
- ÖPNV: Haltestelle Rua Graça oder Escadas do Monte

Ab aufs Rad!

11 Fahrradfahren am Tejo-Ufer

Wir rauschen vorbei an hellen Gebäuden, Passantinnen, Straßencafés und Anglern. Immer entlang des Tejo. Dies ist der schönste Radweg Lissabons: vom Cais do Sodré nach Belém oder in die andere Richtung zum ehemaligen Expo-Gelände Parque das Nações mit der zweitlängsten Brücke Europas. Nein, Lissabon ist keine Fahrradstadt. Die Hügel, das Kopfsteinpflaster und die engen Straßen sind dafür nicht ideal. Aber es gibt immer mehr Radwege und auch ein gutes Konzept von Leihrädern. Am Cais do Sodré stehen zum Beispiel die hellgrünen Räder von GIRA. Wir müssen uns dazu die App herunterladen und uns registrieren. Per App leihen wir das Rad aus und geben es zurück. Die Räder sind sehr beliebt und oft vergriffen, besonders an so einem zentralen Punkt. Daher sind ganz in der Nähe noch mehr Radstationen.

TIPP

Das Oceanário, das zweitgrößte Indoor-Aquarium Europas, im Parque das Nações.

Der Radweg vom Cais do Sodré bis zum Torre de Belém ist 6,6 Kilometer lang, sehr breit und bietet uns die Möglichkeit, eine weite Strecke zurückzulegen und das Tempo selbst zu bestimmen. Es gibt kurze Abschnitte wie am Hafen, an denen wir einen Schlenker fahren müssen und dann neben der Straße entlangradeln, aber es geht recht schnell wieder zum Wasser zurück. Vorbei an Denkmälern, Museen, Parks führt uns der Weg. Wer danach nicht selbst zurückfahren möchte, kann das Rad einfach in der dazugehörigen Station abgeben und die Tram oder den Bus nehmen.

Das Gleiche gilt für das Ziel Parque das Nações, Park der Nationen. Das 50 Hektar große Ausstellungsgelände der Expo 98 ist heute ein modernes Viertel mit einem Shoppingcenter, Bürokomplexen, Museen und Parks. Gerade für Kinder ist das Radfahren hier toll und sicher, da die Wege durch Grünanlagen führen, vorbei an Skateparks und Basketballplätzen. Bei der langen Brücke Vasco da Gama finden Mountainbiker einen Pumptrack. Vielleicht liegt es daran, dass ich an der Grenze zu den Niederlanden aufgewachsen bin, denn wenn ich in die Pedale trete, den Wind im Gesicht spüre und selbst bestimmen kann, wann ich wohin fahre, macht mich das sehr glücklich.

- Gira Bicicletas, Cais do Sodré, 1200-161 Lissabon
  gira-bicicletasdelisboa.pt
- ÖPNV: Haltestelle Cais do Sodré

Made in Portugal

12

Portugiesische Traditionsprodukte

Wer sich fragt, welche Produkte in Portugal hergestellt werden, bekommt hier die Antwort. Alles, was typisch portugiesisch und von guter Qualität ist, wird in diesem Laden verkauft. Und das ist viel. Über 3000 Produkte aus dem ganzen Land werden hier angeboten, es ist quasi eine Inventur portugiesischer Produkte. A Vida Portuguesa, auf Deutsch: Das portugiesische Leben, ist ein Laden, der, auch ohne dass man hier Geld ausgibt, einen Besuch wert ist. Einfach, weil er so besonders ist. Das Geschäft befindet sich am Largo do Intendente, direkt neben einer wunderschön gefliesten Hausfassade mit Pflanzen, asiatischen Figuren und Affen. Auch im Time Out Market hat der Laden einen Stand. Die Produkte versetzen sicher viele Menschen in ihre Kindheit zurück, denn der Schwerpunkt liegt auf solchen, die schon lange bestehen und sich bewährt haben. Wie in hübsches Papier eingeschlagene handgemachte Seifen, eingelegte Sardinen in roten und grünen Dosen, handgewebte Decken und Notizbücher aus selbst geschöpftem Papier. Alltägliche Produkte aus den 1950er-Jahren bekommen hier neue Aufmerksamkeit – und sehen aus wie damals. Zahnpasta, Parfüm, Rasierschaum. Spielzeug, Küchengeräte, Pflanzensamen. Textilien, Bücher, Wein. Alles verstaut in Vitrinen, die in dem alten Gebäude bis unter die Decke reichen.

Das Einrichtungskonzept des Ladens ist Vintage und New Retro. Das Motto von Besitzerin und Journalistin Catarina Portas: „Made in Portugal ist gut“. Sie möchte Selbstbewusstsein und Stolz auf die eigenen Produkte nach Portugal zurückbringen. So versammelt sie Produkte großer Marken genauso wie Handgemachtes aus kleinen Familienbetrieben und Lebensmittel lokaler Produzenten. Auch einige Produkte, die ich hier im Buch vorstelle, wie den Kirschlikör Ginjinha oder den portugiesischen Tee, kann man bei A Vida Portuguesa finden. Wer ein authentisches portugiesisches Produkt mit nach Deutschland nehmen möchte, wird hier fündig. Natürlich sind Kekse, Schokolade, Sardinen und Seife hier teurer als im Supermarkt. Aber dafür auch hübscher und origineller.

- A Vida Portuguesa, Largo do Intendente Pina Manique 23, 1100-285 Lissabon
  avidaportuguesa.com
- ÖPNV: Haltestelle Intendente

Liebesglück durch Münzwurf

13 Statue des heiligen Antonius

Er ist der Schutzpatron der Stadt und der beliebteste Heilige der Lissabonner: der heilige Antonius von Padua. Sein bürgerlicher Name war Fernando Martins de Bulhões, er wurde 1195 im Zentrum Lissabons geboren, nahe der Kathedrale Sé. Heute steht an seinem Geburtsort eine kleine, ihm geweihte Kirche, die Igreja do Santo António. Sie wurde im 14. Jahrhundert gebaut, aber während des Erdbebens von 1755 stark beschädigt. Das heutige Gebäude ist zwischen 1767 und 1812 entstanden. Fernando de Bulhões war Franziskanermönch und Kirchenlehrer. Obwohl er einen Teil seines Lebens in Italien verbrachte, 3 Jahre davon in Padua, wo er verstarb, verehren die Bewohner von Lissabon ihn bis heute.

Im Juni wird ihm zu Ehren das größte Fest der Stadt veranstaltet: Alle Straßen werden mit Girlanden geschmückt, es gibt Livemusik, gegrillte Sardinen, Straßenumzüge und einen Monat lang Party im Freien, besonders in der Alfama, Antonios Heimat. Als Höhepunkt des Festes finanziert die Stadt am 12. Juni 16 ausgewählten Lissabonner Paaren ihre Hochzeit. Denn der heilige Antonius ist unter anderem der Schutzpatron der Verliebten. Wer ihn auf seine Fähigkeiten testen möchte, sollte seine Statue aufsuchen. Er hält ein Kind im Arm und ein aufgeschlagenes Buch in den Händen. Wer die Seiten dieses Buches mit einer Münze trifft, wird in seiner Beziehung glücklich sein oder bald die Liebe seines Lebens finden. Die Anzahl der Versuche gibt an, wie viele Jahre es dauern wird, diese Liebe zu finden oder glücklich in der Beziehung zu werden und die Liebe zu halten. Allgemein Glück soll es bringen, eine Münze in die Kapuze der Statue zu werfen. Vielleicht dabei Verlorenes wiederzufinden, denn der heilige Antonius ist auch der Schutzpatron der Suchenden. Die Kapuze zu treffen, ist nicht leicht, da die Statue erhöht auf einem Sockel steht. Wurfgeschick ist gefragt und natürlich viel Glück.

TIPP

Die nur wenige Schritte entfernte Kathedrale Sé, die älteste Kirche Lissabons.

● Santo António, Largo de Santo António da Sé, 1100-401 Lissabon
● ÖPNV: Haltestelle Sé

EM LISBOA

Kleiner Turm ganz groß

14

Turm von Belém

Er ist UNESCO-Weltkulturerbe und eines der „Sieben Wunder Portugals". Einst als Leuchtturm und Verteidigungsturm an der Einfahrt des Tejo errichtet, ist der kleine, aber imposante Turm heute das Wahrzeichen der Stadt vor der Stadt. Er ist im manuelinischen Stil errichtet, einem prunkvollen portugiesischen Architekturstil aus dem 16. Jahrhundert. Zusammen mit dem Hieronymiten-Kloster gilt der Turm von Belém als bedeutendstes und prächtigstes Beispiel dieses Stils. Außen am Gebäude sehen wir viele kunstvolle Deko-Elemente, die mit der portugiesischen Seefahrt zu tun haben, wie Waffen, Seile, ein Bild der Schutzpatronin der Seefahrer Nossa Senhora do Bom Sucesso sowie die Heiligen São Miguel und São Vicente. Zwischen 1514 und 1520 wurde der Turm gebaut, damals noch mitten im Tejo. Das weit hinter ihm liegende Hieronymiten-Kloster befand sich zu jener Zeit direkt am Flussufer. Durch das Erdbeben von 1755, bei dem der Turm fast unbeschädigt blieb, trat das Ufer weiter vor, sodass er jetzt an einem kleinen Strand vor einem Park liegt. Von dort aus betreten wir ihn über einen Holzsteg. Innen ist der Turm in fünf Bereiche unterteilt: den Kerker (früher das Munitionsdepot), das Gouverneurszimmer, das Audienzzimmer, das Königszimmer und die Kapelle mit ihren typischen Gewölben aus dem 16. Jahrhundert. Ganz oben gelangen wir auf die viereckige Turmterrasse und haben eine super Aussicht auf den Fluss und die Mündung ins Meer sowie die andere Uferseite.

TIPP

Der Besuch der Kirche des beeindruckenden Hieronymiten-Klosters ist umsonst.

Ich gehe gern bei beginnendem Sonnenuntergang in den Turm. Durch die wenigen Fenster scheint dann das goldene Sonnenlicht herein, und oben sehe ich zwischen den Zinnen hindurch, wie die Sonne im Wasser verschwindet. Ich würde diese Besichtigung immer der des nur knapp 900 Meter entfernten Seefahrerdenkmals vorziehen. Im Turm steckt viel Geschichte, die Architektur ist innen wie außen beeindruckend und die Aussicht besser. Zudem kann man sich in dem Park vor dem Turm wunderbar aufhalten, picknicken, Ball spielen und den Straßenmusikern lauschen.

- Torre de Belém, Avenida Brasília, 1400-038 Lissabon
museusemonumentos.pt
- ÖPNV: Haltestelle Largo da Princesa

Beschwipste Kirschen

15 Kirschlikör Ginjinha

Lissabon schmeckt nach Kirschen. Kirschen, die es in sich haben. Ginjinha heißt das typische Getränk und ist ein süßer Likör aus Sauerkirschen, Brandy, Zucker und Zimt. Überall in der Stadt wird er verkauft, ob in Bars, Restaurants oder den kleinen Pavillons auf den Plätzen. Dort bekommen wir ein Schnapsglas voll mit dunkelrotem Likör – mit oder ohne eingelegte Kirsche, wie man mag. Die Kirsche wird zum Schluss verzehrt und haut rein! Wie alle anderen auch trinken wir draußen am Stehtisch. Die typischen Ginjinha-Bars sind klein und haben keinen Innenbereich, sondern nur eine Theke. Mit dem Glas stellen wir uns also vor die Bar – das Wetter in Lissabon ist ja überwiegend gut, und so trinken alle im Kreis von Freunden auf der Straße und den Plätzen. Wer genießt, kippt den Likör nicht in einem runter, sondern lässt das süffig-süße Kirschgetränk in mehreren Schlucken die Kehle hinuntergleiten. Das schmeckt nach Sonne!
Der traditionsreichste Ort für eine Verkostung ist das „Ginjinha-Dreieck" im Stadtzentrum in unmittelbarer Nähe des Rossio mit drei traditionellen Lokalen. Der erste Kirschlikör wurde wohl in der kleinen Bar A Ginjinha am Largo São Domingos verkauft, die seit 1840 besteht und seitdem in Familienbesitz ist. Die Konkurrenz befindet sich gleich gegenüber: Ginjinha Sem Rival, übersetzt: Ginjinha ohne Konkurrenz. Eine genauso traditionell-altmodische Mini-Bar, die 1890 ihre Türen öffnete, seitdem im Besitz derselben Familie ist und sich auch nur auf den Kirschlikör spezialisiert. Die dritte Bar ist Ginjinha Rubi, die den Likör mit Kirschen aus der Region Óbidos herstellt und 1931 öffnete. Hier ist das Ambiente familiärer, mit vielen Stammkunden und etwas weniger Touristen als in den beiden älteren Bars. In allen kann man Flaschen verschiedener Größen kaufen – auch in Handgepäckgröße. Ein tolles Mitbringsel für Daheimgebliebene oder sich selbst – denn mit dem Geschmack Lissabons kommen auch die Erinnerungen wieder.

- A Ginjinha, Largo São Domingos 8, 1100-201 Lissabon
- Ginjinha Sem Rival, Rua das Portas de Santo Antão 7, 1150-264 Lissabon
- Ginjinha Rubi, Rua Barros Queirós 27, 1150-169 Lissabon
- ÖPNV: Haltestelle Rossio oder Restauradores

DE PORTUGAL
GINJINHA
Para
Consulta

Romantik unter Bäumen

16

Im Garten von Estrela

Lissabon hat zahlreiche kleine Parks, Gärten und Grünflächen. Sie sind aber alle recht klein. Anders der Jardim Guerra Junqueiro, wie er offiziell heißt, der aber von allen nur Jardim da Estrela genannt wird: Garten von Estrela, so heißt das Viertel, in dem er liegt. Mit 57.000 Quadratmetern ist er einer der drei größten Parks der Stadt. Das imposante Eisentor lässt schon erahnen, dass sich dahinter nicht nur schmale Wege neben Rasenflächen befinden. Stattdessen erwarten die Besucher eine Palmenallee, ein Teich mit Schwänen und Fischen, Platz für Fußball und Fitness, zahlreiche Bänke und zwei Cafés mit großer Terrasse. Hier treten auch öfter Künstler auf, besonders am Wochenende und abends ist es gut besucht. Es gibt leckeren Kuchen, kühles Bier – und eine Toilette! Außerdem besitzt die Gartenanlage drei Besonderheiten: die kleinste Bibliothek der Stadt, die in einem winzigen grünen Kiosk-Pavillon untergebracht ist; den ältesten, noch bestehenden Musikpavillon von Lissabon, der bereits 1896 hier aufgestellt wurde, 44 Jahre nach der Errichtung der Parkanlage; und ein kleines Kulturzentrum in einem hübschen weißen Holzhaus, dessen Schwerpunkte Umweltbewusstsein und Klimakompetenz sind.

Der Jardim da Estrela ist einer meiner Lieblingsparks, weil er so abwechslungsreich ist. Zum einen, was die Bäume, Kakteen, Büsche und Blumen angeht, die vielen Wege und den Hügel mit Aussichtsplattform. Zum anderen, was die Besucher betrifft: Familien mit kleinen Kindern, Joggerinnen und Fußballspieler, Freundesgruppen und Zeitungsleser. Touristen kommen auch immer mehr hierher, sie halten sich aber noch mit den Einheimischen die Waage, die hier teilweise ihren ganzen Samstag verbringen. Nachmittags fällt mir auf, wie viele mit einem Buch unterm Arm in den Park schlendern und sich für eine Stunde ihrer Geschichte widmen. Eine schöne Alltagsroutine. Der Jardim da Estrela gilt zudem als der romantischste Park Lissabons und ist ein beliebter Treffpunkt von Verliebten, die bis Mitternacht hier unter blühenden Bäumen sitzen.

● Jardim da Estrela, Praça da Estrela, 1200-667 Lissabon
● ÖPNV: Haltestelle Estrela (Basílica)

LISBOA

Hoch aufs Kirchendach

17

Kirche und Kloster São Vicente de Fora

Wer in der Alfama unterwegs ist oder zum berühmten Flohmarkt geht, sieht die beiden weißen Türme der Kirche São Vicente de Fora immer wieder zwischen den Häusern auftauchen und ist vielleicht auch schon an der eindrucksvollen Fassade vorbeigegangen. Die Kirche gehört zu den schönsten der Stadt. Sie ist nicht immer geöffnet, aber wenn man Glück hat und die großen Türen offen stehen, lohnt es, hineinzugehen. Daran angeschlossen ist das gleichnamige Kloster, beide benannt nach dem heiligen Vinzenz, dem offiziellen Stadtpatron von Lissabon. Rechts unterhalb der Treppe, die zur Kirche führt, geht es zum Kloster, der Eingang ist von Bougainvilleen gesäumt. Es war einmal ein Augustinerkloster, dann ein Gymnasium, heute befinden sich hier die Kurie des Patriarchats von Lissabon und ein Museum mit unbekanntem Aussichtspunkt. Kirche und Kloster ließ 1582 Philipp II. von Spanien, der damals auch Herrscher über Portugal war, auf den Resten eines Klosters wiedererrichten, das Dom Afonso Henriques im 12. Jahrhundert hat erbauen lassen.

Sehenswert sind im Kloster die Sakristei, der mit eingelegtem Marmor reich verzierte Adelseingang, die Zisterne, die noch aus dem mittelalterlichen Kloster stammt, sowie die mehr als 100.000 prächtigen blau-weißen Kacheln. Sie erzählen von der Einnahme Lissabons, dem Bau des Klosters und zeigen Landschaftsszenen. Eine ganz andere Atmosphäre herrscht im Pantheon der Dynastie Bragança. Hier liegen die letzten Könige Portugals. Der Raum ist kahl, diesig und lässt mich schaudern. Lieber wieder in die Sonne! Erst geht es auf die Dachterrasse des Klosters und dann auf das Kirchendach – das Highlight des Besuchs. Das Dach ist ausladend und komplett begehbar. Die Aussicht ist atemberaubend! Wir haben einen Rundumblick auf die Stadt: auf die Kirche Santa Engrácia, die Häuser der Alfama und den Tejo. Hier ist es ruhig, denn weder Straßenlärm noch viele Besucher kommen hinauf. Ein Glücksort zum Innehalten und Staunen.

● Mosteiro de São Vicente de Fora, Largo de São Vicente, 1100-572 Lissabon
mosteirodesaovicentedefora.com
● ÖPNV: Haltestelle Voz Operário

Kultur statt Waffen

18

In der Kulturfabrik

Das große Gebäude war einmal eine Waffenfabrik. Heute ist es ein Restaurant, ein Konzerthaus, ein Museum, eine Bar – kurz: das Kulturzentrum Fábrica Braço de Prata, Silberarm-Fabrik. Hinein kommen wir über den dahinterliegenden Parkplatz. Hier finden regelmäßig Streetfood-Märkte mit Köstlichkeiten aus verschiedensten Ländern statt, wie jeden ersten Sonntag im Monat der Lateinamerika-Markt. Die Mauern zieren Kunstwerke bekannter Streetart-Künstler. Zwischen Parkplatz und Haus steht ein Veranstaltungszelt. Hier finden Theatervorführungen und Konzerte statt. Oder Jamsessions, Tanzkurse, Lesungen. Doch nicht nur hier, sondern auch in manchen der 20 Räume des Hauses, das wir einfach betreten und erkunden können. Auch wenn es wirkt, als würden wir in jemandes Eigentum eindringen: Das Kulturzentrum steht jedem jederzeit offen.

Im Erdgeschoss befindet sich eine kleine Bar mit Mini-Theke und wackeligem Holzmobiliar. Der Eingang ins Haus liegt erhöht, dort führt die erste Tür ins blau gestrichene Restaurant. Zwei Türen weiter stoßen wir auf den ersten der neun Ausstellungsräume. Zeitgenössische portugiesische Kunst wird hier präsentiert, mindestens einen Monat bleibt jede Ausstellung. Pfeile auf dem Boden zeigen die Laufrichtung, damit wir auch alle Räume finden. Es geht über schwarz-weiß geflieste Böden, alte Holzdielen, das knarzende, breite Treppenhaus hinauf, vorbei an roten, gelben und rot-gelb gestrichenen, viele Meter hohen Wänden. Hinter jeder Tür verbirgt sich etwas anderes. Manche stehen weit offen, andere nur einen Spaltbreit. In vier Räumen finden jeden Abend Konzerte statt, der Schwerpunkt liegt auf Weltmusik. Aber auch der portugiesische Eurovision-Gewinner Salvador Sobral ist hier schon aufgetreten. Die übrigen Räume fungieren als Bibliothek, Kinosaal, Ateliers, Musikschule, Secondhandladen. Sogar Madonna soll hier Gast gewesen sein, als sie in Lissabon wohnte. Niemand kann in wenigen Worten beschreiben, was das Kulturzentrum genau ist – und das ist sein Erfolg. Man muss einfach herkommen, anschauen, mitfeiern, es selbst erleben.

● Fábrica Braço de Prata, Rua Fábrica de Material de Guerra 1, 1950-128 Lissabon
fabricabracodeprata.com
● ÖPNV: Haltestelle Fábrica Braço de Prata

FÁBRICA
BRAÇO DE PRATA
www.bracodeprata.com

All you can brunch

19 Im Café Pão de Canela

Mit einem ausgedehnten Frühstück in den Tag starten, das macht glücklich. Dieser Tag wird auf jeden Fall ein guter. Ein Brunch ist dafür genau das Richtige. Immer wieder den Teller füllen, 2 Stunden auf der Terrasse unter der Markise sitzen, mit Blick auf die Pflanzen und das Treiben auf dem wunderschönen Platz. Das geht im Café und Restaurant Pão de Canela, wörtlich übersetzt: Zimtbrot, gemeint sind Zimtschnecken. Seit mehr als 20 Jahren wird hier am Wochenende und feiertags Brunch aufgetischt mit frischem Obst, süßem Gebäck, Quiche, Müsli, frisch gepressten Säften, Croissants, verschiedenem Brot und Aufstrichen aller Art. Zwischen 10 und 16 Uhr können wir uns hier 2 Stunden lang für einen festen Preis den Bauch so vollschlagen, wie es geht. Wochentags hat es auch geöffnet und bietet Frühstück, Mittag- oder Abendessen à la carte sowie Kaffee und Kuchen. Mittlerweile gibt es viele Brunch-Spots in Lissabon. Dieser war der erste, den ich über eine portugiesische Freundin kennenlernte, zu einer Zeit, als noch nicht viele Cafés Brunch angeboten haben. Bis heute komme ich immer wieder gern hierher. So wie jetzt mit meiner Schwester, für dieses Buch und einen entspannten Start ins Wochenende.

TIPP
Die Cocktailbar Foxtrot. Eingerichtet wie ein englischer Pub im Art-déco-Stil mit sehr guten Cocktails.

Was macht mich hier eigentlich so glücklich? Natürlich das gute Brunch-Angebot. Aber da ist noch mehr. Die familiäre Atmosphäre. Die Lage: direkt am gemütlichen Praça das Flores mit vielen Bäumen und Blumen, Altbauten, einem Springbrunnen und Bänken, auf denen sich die Bewohner der umliegenden Häuser treffen. Senioren lesen Zeitung und diskutieren die aktuelle Politik, Frauen treffen ihre Freundinnen auf einen Kaffee am Kiosk-Pavillon, Kinder toben auf dem kleinen Spielplatz. Wer an den beiden Terrassen des Pão de Canela vorbeikommt, denkt sofort: Hier möchte ich einmal sitzen. Wer auf einer der beiden Terrassen sitzt, sich mit vollem Bauch zurücklehnt und das ganz normale Leben des Viertels und der anliegenden Straßen beobachtet, ist einfach glücklich.

- Pão de Canela, Praça das Flores 25-29, 1200-192 Lissabon
- ÖPNV: Haltestelle Praça das Flores

Süßer Weltschmerz

20 Portugals einzigartiger Musikstil Fado

Fado ist die mit Abstand bekannteste portugiesische Musik: ein nicht leicht zugänglicher, schwerer, melancholischer Musikstil. Er ist eng verknüpft mit der portugiesischen Geschichte und wird oft als Ausdruck des Seelenzustands der Einheimischen beschrieben. Es gibt viele verschiedene Fado-Arten, auch heute noch verändert er sich weiter und ist moderner geworden. Meist handeln die Lieder von unglücklicher Liebe, vergangenen guten Zeiten, sozialen Missständen und der Sehnsucht nach besseren Tagen, dem berühmten und unübersetzbaren portugiesischen Gefühl *saudade*. Vorgetragen wird er von einer Sängerin mit schwarzem Tuch oder einem Sänger in schwarzem Anzug, begleitet von mindestens zwei Gitarren. Eine davon ist die zwölfsaitige portugiesische Gitarre. Amália Rodrigues, Portugals berühmteste Fado-Sängerin, sagte: „Es ist wichtig, den Fado zu spüren. Denn Fado wird erlebt, er wird gefühlt, nicht verstanden oder erklärt." Das geht am besten in Restaurants und Bars. Die Vorführung ist dramatisch und emotional. Es ist verboten, während des Gesangs zu sprechen. Nicht selten rollt einem Zuhörer eine Träne herunter. Ich habe auch schon erlebt, dass die Hälfte des Publikums schluchzte und sich später bei der Sängerin für die schönen Erinnerungen bedankte.

TIPP
Das Fado-Museum. Geschichte und Bedeutung der Musik mit vielen Hörproben.

Der Besuch eines Fado-Lokals ist eine wunderbare Möglichkeit, sich der portugiesischen Kultur anders zu nähern. Es gibt verschiedene Arten von Fado-Lokalen: teurere Restaurants mit traditionellem Profi-Fado, die auch von Einheimischen besucht werden. Wie Sr. Vinho, ein gediegenes Restaurant mit gutem Essen. Am besten kommt man um 20 Uhr, ab 21 Uhr beginnen die Fado-Vorführungen. Drei Sänger treten pro Abend auf, gegen Mitternacht ist Schluss. Oder Amateur-Fado-Kneipen, wo die Musiker im Publikum sitzen und sich gegenseitig zum Singen auffordern. Diese Lokale sind mittlerweile selten geworden. Erleben kann man es noch in der Tasca do Chico im Bairro Alto oder in der Alfama. Lissabon ohne Fado ist undenkbar – er ist der Soundtrack der Stadt.

● Senhor Vinho, Rua do Meio à Lapa 18, 1200-724 Lissabon
srvinho.com
● ÖPNV: Haltestelle Lapa

CHICO E ANA MOURA
J. S.
1967
POLO R
MARIZA E CHICO
2017

Lissabons Lunge

21 Der Stadtwald Monsanto

Wer von oben auf Lissabon blickt, entdeckt im Westen eine große grüne Fläche. Gut 800 Hektar umfasst sie und ist damit die grünste im Stadtgebiet. Ursprünglich wurde sie landwirtschaftlich genutzt, daran erinnern heute noch die Windmühlen. In den 1930er-Jahren wurde das kahle Land aufgeforstet, 1934 entstand der Monsanto-Park mit Sport- und Freizeitmöglichkeiten. Leider ist es kein richtiger Wald, sondern eher ein Wald-Park, denn stark befahrene Straßen führen durch das Gelände, und die bewaldeten Gebiete sind von gepflasterten Wegen und Plätzen durchzogen. Dennoch gibt es Stellen, an denen wir mitten im Grünen sind. Viele Lissabonner kommen hierher zum Joggen und Radfahren, zum Picknicken und Wandern. Durch die erhöhte Lage haben wir fast überall einen guten Blick auf den Fluss – wenn nicht Bäume die Sicht verdecken.

TIPP

Der Jardim dos Montes Claros in der Nähe. Ein für alle zugänglicher Garten eines Restaurants. Echter Geheimtipp.

Einer meiner Lieblingsorte ist das Freilufttheater Keil do Amaral, auch weil der Blick hier über die Baumkronen auf den Tejo gleitet. Benannt ist es nach dem Landschaftsarchitekten, der den Monsanto-Wald angelegt hat. Besonders schön ist es, an lauen Sommerabenden zu picknicken. Etwa unter einer der vielen Korkeichen auf der Wiese. Dann hebt sich die Brücke des 25. Aprils von dem pastellgefärbten Sonnenuntergangshimmel ab, drum herum die dunkelgrünen Baumkronen. Hier gibt es auch ein kleines Café und etwas höher gelegen eine der letzten weißen Mühlen, zudem einen Basketballplatz, Tischtennisplatten, einen Skatepark und viele Wanderwege in alle Richtungen. Sie führen über Trampelpfade, durch Korkeichenwäldchen, über Kieswege, über Blumenwiesen hin zu neuen Picknickplätzen, abgelegenen Lichtungen, Parkplätzen und einem Kinder-Freizeitpark. Um den Aussichtspunkt herum führt ein breiter geteerter Weg, auf dem Kinder Radfahren lernen, Fußbälle hin- und herrollen, Babys in Kinderwägen geschoben werden, Hunde sich freudig begrüßen. Es ist einer der unbekannteren Aussichtspunkte Lissabons und die dazugehörige Wanderung durch den Wald macht den Besuch zu einem wunderbaren Ausflug ins Grüne.

- Anfiteatro Keil do Amaral, Estrada Montes Claros, 1300-651 Lissabon
- ÖPNV: Haltestelle Alto Moinhos oder Estrada Alvito/Alameda Keil do Amaral

Ein Stück Schoko-Glück

22

Schokolade aus eigenem Anbau

Schokolade macht glücklich, das fühle ich nicht nur, das wurde bereits vielfach wissenschaftlich untersucht. Noch besser, wenn sie hausgemacht und fair gehandelt ist. Das kleine Schokoladengeschäft und Café Corallo Chocolate ist dafür die perfekte Adresse in Lissabon. Es liegt direkt am hübschen Park von Príncipe Real und neben einem meiner Lieblingsbuchläden der Livraria da Travessa. Nachdem ich dort mit einer Bekannten das Sortiment durchstöbert hatte und wir auf dem Weg in den Park waren, zog sie mich in den Schoko-Laden: für ein Schoko-Stück auf die Hand. Im Laden riecht es wunderbar würzig-süß nach Schokolade. Auf der Ladentheke werden dünne rechteckige Schokostücke unter Glashauben präsentiert. Dazu kleine Schildchen: 80 Prozent Kakao mit Zuckerkristallen, 75 Prozent Kakao mit Cacao Nibs, 75 Prozent Kakao mit kandierten Orangen aus Kalabrien, 75 Prozent Kakao mit kandierten Ingwerstückchen, 70 Prozent mit Pfeffer und Fleur de Sel, 70 Prozent mit Haselnüssen aus dem Piemont. Die Familie Corallo besitzt eine Kakaoplantage auf der Insel Príncipe. Von dort kommt die Schokolade. Auf São Tomé besitzen sie eine Kaffeeplantage. Den hauseigenen Kaffee bekommt man hier ebenfalls. Bettina und ihre beiden Söhne bedienen und beraten. Die meisten Kunden nehmen die Schoko-Stücke auf die Hand und erfreuen sich sofort daran. Sie sind aber auch ein leckeres Souvenir. Oft gibt es wechselnde besondere Produkte wie saftige Brownies, rosafarbene Ruby-Schokolade oder kandierte Hibiskusblüten mit Schoko-Überzug.

Ein weiteres Highlight des Ladens ist das Sorbet aus 100 Prozent Schokolade. Es zergeht so zart auf der Zunge! Im Winter bestellt man stattdessen die hauseigene heiße Schokolade. Auch hier: 100 Prozent Schokolade, keine Milch und dennoch cremig und nicht bitter. Das gilt ebenso für die Schoko-Stücke, denn selbst die 100-prozentigen sind nicht zu bitter und kleben nicht am Gaumen. Hier gibt es Glück in Stücken – wohldosiert, köstlich und effektiv.

TIPP

Verweilen im Park Príncipe Real. Ab und zu ist hier Handarbeitsmarkt.

● Bettina & Niccolò Corallo, Rua da Escola Politécnica 4, 1250-102 Lissabon
claudiocorallo.com
● ÖPNV: Haltestelle Príncipe Real

Auf der grünen Bank

23

Bei der Kirche Santo Estevão

Wenn ich auf Reisen bin, nehme ich mir die Zeit, um meine Eindrücke und Erlebnisse aufzuschreiben. Am liebsten im Freien, besonders in Lissabon, wo die Wohnungen eher dunkel und kühl sind. Der Garten des Museums für Alte Kunst ist ein guter Ort dafür. Oder die grüne Bank mitten in der Alfama. Während des Schreibens lasse ich die Stimmung des Viertels auf mich wirken und beobachte stundenlang, wie die Anwohner ihrem Alltag nachgehen. Hier scheint die Zeit langsamer zu verlaufen. Die Bank steht an einem winzigen Platz zwischen gelb und hellblau gestrichenen und gekachelten Häusern. Dahinter führen Treppen zu einer weiteren Art Innenhof, umringt von Hauseingängen. Neben ihr steigen Stufen auf zum Platz vor der Kirche Santo Estevão. An einem Haus sind die Fenster geöffnet, und brasilianische Musik schallt über den Platz. Auf einem Balkon steht eine ältere Dame mit geblümter Schürze und unterhält sich mit einem Mann mit Hund unter ihr auf dem Kopfsteinpflaster. Zwei Touristinnen laufen vorbei – und wieder zurück.

Die Zeit, sich hinzusetzen und das Viertel auf sich wirken zu lassen, nehmen sich die wenigsten, und so ist die Bank meist leer. Manchmal legt der Mann mit dem Hund hier eine Pause ein. Obwohl die Alfama das meistbesuchte Viertel Lissabons ist, ist dies noch eine der ruhigeren Ecken. Genauso wie der Platz vor der Kirche Santo Estevão. Diese wurde 1733 erbaut und ist ein schönes Beispiel für den portugiesischen Barock jener Zeit. Von hier blicken wir auf die roten Dächer und den Tejo. Abends treffen sich Jugendliche und Studierende, sitzen vor dem Kirchtor, spielen Gitarre, schauen der untergehenden Sonne zu, trinken und erzählen. Es ist schön, den Klängen zu lauschen, der Musik und der Sprache, und dabei zuzuschauen, wie sich die Farben am Himmel verändern, sich die dunklen Schatten im alten Viertel ausbreiten und die Lichtkegel um die dunkelgelb leuchtenden Straßenlaternen größer werden. Ist die Sonne verschwunden, liegt eine friedliche Ruhe über diesem Teil der Alfama.

- Igreja de Santo Estevão, Largo de Santo Estevão 13, 1100-219 Lissabon
- ÖPNV: Haltestelle Rua das Escolas Gerais

So schmeckt Portugal

24 Restaurant Toma-Lá-Dá-Cá

Die traditionelle portugiesische Küche ist relativ simpel: Fisch, Gemüse, Olivenöl. Genau das esse ich am meisten und liebsten in Portugal: guten gegrillten Fisch mit Salzkartoffeln, Salat oder gekochtem Gemüse, darüber Olivenöl. Wenn es frische Sardinen gibt, dann wähle ich auf jeden Fall diese. Gesalzen, geölt, auf Holzkohle gegrillt, lecker. Typisch portugiesisch ist auch der getrocknete Kabeljau, auf Portugiesisch *bacalhau.* Es gibt rund 300 verschiedene Zubereitungsarten. Ein in Lissabon sehr beliebtes Gericht ist Bacalhau à Bras, ein Gemisch aus Fisch, Zwiebeln, Kartoffelstiften und Eiern, serviert mit schwarzen Oliven. Fish & Chips portugiesischer Art.

Den Beginn eines jeden Restaurantbesuchs bildet erst mal Warten. Man geht hier nicht einfach in das Lokal, sondern bekommt einen Platz zugewiesen. So auch im Toma-Lá-Dá-Cá, einem sehr guten und typisch portugiesischen Restaurant. Sobald wir am Tisch sitzen, wird das Couvert, das Gedeck, aufgetragen: Brot oder Brötchen, Butter, Käse, manchmal Oliven und Thunfischcreme. Man muss das bezahlen, was gegessen wurde – also nicht anfassen, wenn man es nicht möchte. Der Kellner trägt es dann wieder ab. Richtige Vorspeisen wie Tintenfischsalat stehen in der Speisekarte. Was dort meist nicht aufgelistet wird, sind die Beilagen zu den Hauptgerichten, also zu Fisch oder Fleisch. Zu Fleisch gibt es meist Reis und Pommes, zu Fisch Kartoffeln und Gemüse. Einfach nachfragen und individuell anpassen lassen. Was unbedingt dazugehört, ist der Nachtisch. Ich kenne keine Portugiesen, die darauf verzichten. Warum auch? Gern bestellt wird eine kleine Auswahl und dann geteilt: Pudim Flan, ein Eier-Pudding mit Karamell, Sericaia, gebackener Eierkuchen, oder Milchreis mit Zimt. Es gibt viele Desserts zur Auswahl, die alle sehr gut sind und fast alle aus Eiern und Zucker bestehen. Mein aktueller Favorit, auch wegen des Namens, ist die Karamellcreme Baba de Camelo – Kamelsabber. Macht süchtig!

TIPP

Die Rua da Bica, die wohl meistfotografierte Straße Lissabons, mit dem kleinsten Aufzug der Stadt.

- Toma-Lá-Dá-Cá, Travessa do Sequeiro 38, 1200-441 Lissabon
- ÖPNV: Haltestelle Calhariz (Bica)

Hipsterhausen

25 Die LX Factory erleben

Es war einmal eine alte Stofffabrik. 1846 nahm sie ihren Betrieb auf. Nach der Schließung ist das Gebäude stark heruntergekommen, doch heute ist es der wahrscheinlich hipste Ort Lissabons. Hier befinden sich Cafés, Start-up-Büros, Boutiquen, Museen, Restaurants, Ateliers, Bars. Jeden Tag schieben sich viele Menschen, davon die meisten zwischen 20 und 40 Jahren, durch die beiden Straßen vor und hinter dem alten Fabrikgebäude. Die LX Factory ist wie ein eigenes kleines Viertel. Die beiden Buchstaben sind die gängige Abkürzung für Lissabon, wobei das X portugiesisch ausgesprochen wird: schisch. Wir betreten das Gelände durch ein Tor, über dem LEDs den Namen anzeigen, und gehen direkt auf einen kleinen Van zu, der fast komplett unter Blumen verschwindet – ein ganz besonders hübscher Blumenladen und das erste beliebte Fotomotiv. Es folgen viele weitere wie der Buchladen Ler Devagar, Langsam Lesen. Mit drei Stockwerken ist er einer der größten Buchläden der Stadt. Eine Galerie entlang der Buchregale bietet einen tollen Blick auf das Treiben im Laden und die Bücherwände. Auch ein Besuch der Dachterrasse des Hostels The Dorm lohnt sich. Von hier aus haben wir einen guten Blick auf die Straßen der LX Factory.

TIPP
Das benachbarte Art-déco-Museum B-MAD.

Neben dem kreativen Angebot der Läden und der international ausgerichteten Gastronomie muss ich auf jeden Fall die Toiletten erwähnen. Die sind auf dem Gelände verteilt und haben alle andere Farbkonzepte und Themen. Nicht selten legen Klo-Gänger auch hier eine Selfie-Session ein. Und dann wäre da noch das Fabrikgebäude selbst, das jeder betreten und entdecken kann. In den Geschäften, Büros und Ateliers können wir durch Glasscheiben Menschen bei der Arbeit über die Schulter schauen. Zudem gibt es hier oft Ausstellungen zeitgenössischer Kunst. Das Gelände der LX Factory selbst kann ebenfalls als Museum gesehen werden – für Streetart. Viele Künstlerkollektive aus Portugal und der ganzen Welt haben sich hier verewigt: an Hauswänden, in Treppenhäusern, Fluren und auf den Toiletten.

- LX Factory, Rua Rodrigues de Faria 103, 1300-501 Lissabon
lxfactory.com
- ÖPNV: Haltestelle Calvário

Weiße Schönheit

26

Die prächtige Kirche von Estrela

Sie ist eine der bezauberndsten Kirchen Lissabons: die Basílica da Estrela, Sternenbasilika oder korrekt Basilika von Estrela. Das ist der Namen des Viertels, in dem sie steht: Estrela, Stern. Schon von außen zieht sie einen in ihren Bann durch ihr strahlendes Weiß. Da die Kirche auf einem Hügel steht, sind ihre beiden Türme von vielen Orten zu sehen und prägen das Stadtbild mit. Wir treten durch die hohe Eingangstür und erblicken als Erstes eine große Kuppel, die sich über beide Kirchenschiffe erstreckt. Hier ist es bunt! Denn so farblich schlicht das Gebäude von außen ist, so farbenfroh ist es von innen. Mit rosafarbenem, gelbem, blauem, schwarzem und weißem Marmor ist das Kircheninnere verkleidet. Spätestens unter der Kuppel fühle ich mich klein angesichts des prächtigen Bauwerks. Errichten ließ es Königin Maria I. nach einem Versprechen: Sollte sie einen Sohn bekommen, würde sie die Kirche bauen lassen. 1761 wurde José geboren, 1779 begannen die Bauarbeiten, 1788 starb José, 1790 wurde die Kirche eingeweiht. Ihr Stil bewegt sich zwischen Spätbarock und Neoklassizismus. Heute steht hier auch der prachtvolle Sarkophag von Königin Maria I. Sie war die erste Königin Portugals – und zeitweise gleichzeitig auch Königin von Brasilien. Außerdem schmückt den Chorraum ein Gemälde des italienischen Malers Pompeo Battoni, und Skulpturen von Machado de Castro befinden sich hier, einem der bedeutendsten Bildhauer Portugals.

Ich habe die Kirche nie ganz leer gesehen. Immer sitzen Gläubige auf den Holzbänken und beten oder zünden zu Füßen einer der Heiligenstatuen, die zu beiden Seiten der Bankreihen stehen, Kerzen an. Es tut gut, zwischen den kühlen, hohen Kirchenmauern zur Ruhe zu kommen und die Eindrücke Revue passieren zu lassen. Sobald wir die Türen wieder öffnen, sind wir zurück im Stadtverkehr von Lissabon: Busse hupen, Trams rattern, Menschen rufen. Doch die innere Ruhe, die wir in der Kirche gefunden haben, ist weiter da. Gerade an hektischen Tagen eine wohltuende Erfahrung.

TIPP

Die Kuppel ist für Besucher geöffnet und bietet einen schönen Rundumblick.

- Basílica da Estrela, Praça da Estrela, 1200-667 Lissabon
- ÖPNV: Haltestelle Estrela (Basílica)

Ein Fluss wie das Meer

27 Am Ufer des Tejo

Viele Lissabonner bezeichnen ihn als „unser Meer“. Tatsächlich wirkt der Tejo auch so. Je nach Wetterlage kommen Wellen auf, es riecht stellenweise nach Salzwasser und Fisch, oft sieht man Angler, Segelboote fahren vorbei, und an den Bars am Ufer kommt schnell Strandfeeling auf. Dem Tejo wird eine besondere Beziehung zur Stadt Lissabon angedichtet, er sei ihr Geliebter, ihr Kleid oder ihre Decke. Egal wie, die beiden brauchen einander, und der Fluss hat einen großen Anteil an der Beliebtheit der Stadt. Vom Cais do Sodré Richtung Osten gibt es zahlreiche Lokale am Flussufer. Dazu stehen auf der ganzen Promenade verteilt viele Bänke und Liegestühle, auch Treppenstufen laden zum Sitzen ein. Der Blick auf den Tejo ist beruhigend und hat fast denselben Effekt wie ein Meerblick. Abends und am Wochenende legen DJs auf, es gibt Cocktails und Bier, tagsüber sorgen Straßenmusiker am Cais das Pombas und Cais das Colunas für Sommer-Vibes. Dann sind hier auch viele Spaziergänger, Radfahrerinnen, Jogger und vereinzelt Inlineskaterinnen unterwegs. Beliebt für Sport ist das Ufer am Parque das Nações ganz im Osten. Für Strandfeeling ist die meist sehr gut gefüllte Terrasse des Quiosque Ribeira das Naus in der Nähe des Cais do Sodré gefragt. Unter weißen Sonnenschirmen in weißen Liegestühlen sitzend schlürfen wir hier frische Cocktails oder Smoothies. Die jährliche Durchschnittstemperatur in Lissabon beträgt 16 Grad mit durchschnittlich acht Sonnenstunden pro Tag, und so kann man fast das ganze Jahr das Tejo-Ufer genießen. Nur an stürmischen Tagen lohnt sich kein Ausflug hierher, da der Wind hier noch stärker fegt.
Einen etwas anderen Blick auf den Fluss hat man von einer Fähre oder einem Segelboot – Touren werden angeboten –, von dem Triumphbogen am Praça do Comércio, den kann man besteigen, oder aus der Seilbahn *(teleférico)* im Parque das Nações, die am Ufer entlangschwebt. Und vielleicht hat man ja Glück und sieht Delfine, die sich, aber nur noch selten, im Fluss blicken lassen.

- Quiosque Ribeira das Naus, Avenida Ribeira das Naus 5, 1200-000 Lissabon
- ÖPNV: Haltestelle Corpo Santo oder Cais do Sodré

Unterirdische Kunstgalerie

28

Kunst in Metrostationen

Mit der Rolltreppe tauchen wir in eine kunterbunt leuchtende Welt ein. Die Menschen sind entspannt, es läuft Musik. Wo wir sind? In der Metrostation Olaias. Von der Straße aus unscheinbar, eröffnet sich unterirdisch ein wahres Museum. Vier Kunstschaffende arbeiteten an dieser Station, die uns in ihren Bann zieht. Die Eingangshalle besteht aus bunten Mosaiken und Lichtinstallationen. Die Station selbst ist hell und weit, industriell und geometrisch. So viel Kreativität! Nicht nur diese, alle Lissabonner Metrostationen sind sehenswerte Kunstwerke. Sie sind groß, sauber, kreativ. Lissabon hat 56 Stationen, die alle durch anders bemalte und arrangierte Kacheln beeindrucken. Dazu hat jede Station ein eigenes Thema, einen bestimmten Künstler oder ein Kollektiv und eine Aussage. Diese Metro-Kunst haben wir einer Frau zu verdanken: der portugiesischen Malerin Maria Keil do Amaral. Ihr Mann, der Architekt Francisco Keil do Amaral, wurde in den 1950er-Jahren mit dem Metro-Projekt beauftragt. Durch das knappe Budget wählte er Materialien, die günstig und funktional waren: Kacheln. Seine Frau bot an, die Fliesen zu verschönern. In den 1970er-Jahren kamen neue Stationen hinzu und ein neues Konzept: Für jede Station wurde ein anderer Architekt plus Künstler beauftragt. Heute ist es so schön, in eine Station einzufahren und sich davon überraschen zu lassen, welche Farben und Motive einen erwarten. Gern dann auch mal aussteigen und durch die Station streifen, die Kunst führt häufig bis in die Metrovorhalle.

Außer der Station Olaias, die 1998 gebaut wurde, möchte ich noch eine weitere hervorheben: die Station Parque, die 1994 neu angelegt wurde und deren dunkelblauen Kachelwände Zeichnungen zur Geschichte der Sklaverei zieren sowie Pflanzen, Schiffe, geometrische Figuren. An der Decke ist die Erklärung der Menschenrechte verewigt. So macht Metrofahren Spaß!

TIPP

Einzelfahrten mit der Metro lassen sich auch direkt mit der Kreditkarte bezahlen.

- Metrostation Olaias, 1900-222 Lissabon
  metrolisboa.pt/en/art-tour/
- ÖPNV: Haltestelle Olaias

Im Herzen Lissabons

29 Das Mittelalter-Viertel Mouraria

Es ist eines der spannendsten Viertel Lissabons. Wie die Alfama begeistert die Mouraria mit malerischen mittelalterlichen Gassen. Auch hier herrscht ein besonderes Flair, aber völlig anders als in der Alfama. Klar, das Viertel hat auch eine andere Geschichte. Es ist das alte Maurenviertel, in dem sich nach der Eroberung Lissabons durch die Christen 1147 die Juden und Moslems ansiedeln mussten. Ein Ort für Ausgegrenzte, Vertriebene und plötzlich Heimatlose. Bis heute. Die Mouraria ist die Heimat von Menschen über 50 verschiedener Nationalitäten. Größtenteils haben sie Wurzeln in China, Indien, Bangladesch, Pakistan und Mosambik. Auch viele alteingesessene Lissabonner Familien wohnen noch hier. Somit ist sie das wohl multikulturellste Viertel der Stadt und gleichzeitig typisch Lissabon.

TIPP

Das kleine und sehr gute vegane Restaurant The Food Temple.

Die Mouraria liegt am Nordhang der Burg São Jorge hinter dem Platz Martim Moniz. Sie war nicht immer der sicherste Ort, ganz im Gegenteil. Heute ist es kein Viertel ohne Probleme, aber es gibt viele Initiativen zur Unterstützung der Bewohner. Wir können hier bedenkenlos spazieren: die wohl schönste Straße des Viertels, die Rua Marquês Ponte de Lima, entlangschlendern, in den garagenartigen Mini-Märkten einkaufen, die viele Streetart bewundern und an den Plätzen die Bedeutung des Viertels auf uns wirken lassen. Wir sind im Herzen Lissabons!

Ein guter Ort zum Innehalten ist der hübsche Platz Largo da Achada, direkt hinter der Kirche São Cristóvão. Sie ist dem heiligen Christophorus geweiht, dem Schutzheiligen der Reisenden, und eine der wenigen Kirchen im Zentrum, die dem Erdbeben von 1755 standhielt. Wir steigen die Treppen Escadinhas de São Cristóvão vor der Kirche hinunter und sehen eine gesprayte Hommage an den Fado. Die Mouraria beansprucht, genau wie die Alfama, der Geburtsort des Fado zu sein. Wahrscheinlich haben beide recht. Aus der Mouraria stammte aber die erste bekannte Fado-Sängerin: Maria Severa Onofriana, eine Prostituierte.

● Praça Martim Moniz, 1100-393 Lissabon
● ÖPNV: Haltestelle Martim Moniz

Eine Reise in den Orient

30 Restaurant Lost In

Wir sitzen auf der lauschigen Garten-Terrasse unter Bäumen, in denen bunte Windspiele zwischen den Zweigen wehen. Vor uns je ein Glas Weißwein, dahinter recken sich die Lissabonner Häuser in den dunkler werdenden Himmel. Gleich, wenn die Stadt erleuchtet, ist das Plätzchen hier ein Glücksgriff. Kein Wunder, dass dieses Restaurant mit Außenbereich und Bar eines der ersten der Stadt war, das für seine Aussicht bekannt wurde. Trotz des heutigen Rooftop-Hypes ist es sich treu geblieben und hat immer noch eine gemütliche Atmosphäre, besonders im Garten mit Girlanden und Sitzecken. Zwischen 18 und 20 Uhr gibt es hier oft Livemusik. Der Innenbereich hat eine große Glasfront und bietet dieselbe großartige Aussicht.

Um zu diesem besonderen Lokal zu kommen, suchen wir ein Geschäft mit orientalischer Kleidung, Accessoires und Dekoration. Rechts davon führt eine Einfahrt zum Restaurant. An deren Ende befindet sich auf der linken Seite der Eingang. Das Lost In bietet sich für verschiedene Gelegenheiten an: ein Mittagessen mit Freundinnen, einen Aperitif mit Kollegen, ein Abendessen mit der Familie, einen Drink mit dem Date, eine Sangria mit neuen Urlaubsbekanntschaften. Die orientalische Dekoration des Lost In mit knalligen Farben, Glitzer und Spiegelchen macht gute Laune – dazu noch die darauf abgestimmte Musik und das leckere Essen. In dem vereinen sich Orient und Mittelmeer auf wunderbare Weise, und es bietet sich ideal zum Teilen an. Wir bestellen einige der kleinen Tapas-Portionen und probieren uns durch das Angebot: vegetarische Samosas mit Chili und Mint Dip, Steak-Tartar auf Krabbencracker mit Wasabi-Mayo und Noori-Algen, Oktopus-Tempura mit Kimchi-Mayo, langsam gegarte Schweinerippchen mit Singapur-Soße, in Olivenöl, Knoblauch und Chili gebratene Garnelen, Ziegenkäse-Mille-Feuille mit Waldbeeren-Coulis. Danach lassen wir uns mit einem Cocktail in der Hand in die weichen Kissen sinken und realisieren: Uns geht's richtig gut.

TIPP
Die gegenüberliegende Panificação Reunida de São Roque, eine Bäckerei mit prächtiger Innenarchitektur.

● Lost In, Rua Dom Pedro V 56 d, 1250-094 Lissabon
lostinrestaurante.com
● ÖPNV: Haltestelle São Pedro de Alcântara

Zwischen Zinnen und Türmen

31

Auf der Burg São Jorge

Die Festung São Jorge liegt über den Dächern der Stadt und bietet den wohl beeindruckendsten Rundumblick auf Lissabon und die andere Uferseite. Sie ist eines der wichtigsten Denkmäler und ein Touristen-Highlight. Wer hierhin möchte, sollte unbedingt vorher online ein Ticket reservieren. Die Ursprünge der Festung sind nicht ganz geklärt. Sicher ist, dass die Römer eine feste Siedlung auf dem Burgberg hatten, im 5. Jahrhundert errichteten die Westgoten Mauern, zwischen dem 7. und 11. Jahrhundert fügten die Mauren Befestigungen hinzu. Ihre Blütezeit erlebte die Burg nach der Eroberung Lissabons durch Dom Afonso Henriques 1147, denn ab diesem Zeitpunkt lebten hier bis zum 16. Jahrhundert die portugiesischen Könige. Im Lauf der Zeit wurde viel umgebaut, Teile zerfielen oder wurden zerstört. Während des Estado Novo ließ Portugals Diktator Salazar die Burg abreißen und originalgetreu neu aufbauen. Sie sieht also aus wie aus dem Mittelalter, ist aber kaum älter als 80 Jahre.

TIPP

Wem der Anstieg zu anstrengend ist, der kann die Rolltreppe von Martim Moniz nehmen.

Die Burg São Jorge verströmt eine ganz besondere Atmosphäre. Hinter den dicken Mauern, zwischen Olivenbäumen, Korkeichen, Kiefern und Obstbäumen ist es ruhig, viele Leute unterhalten sich mit gedämpfter Stimme. Die sonnengeschützten Sitzbänke und Einbuchtungen in der Mauer laden zum Verweilen ein, häufig laufen einem hier wilde, aber an Menschen gewöhnte Pfauen über den Weg. Die Besucher verteilen sich gut in den verschiedenen Bereichen der Festung und auf der Burgmauer. Ich komme am liebsten kurz vor Sonnenuntergang, denn dann ist es ruhiger als tagsüber, und das Licht ist traumhaft. Bei Sonnenuntergang schauen wir auf der einen Seite der untergehenden Sonne zu und sehen auf der anderen die in goldenes Lichte getauchten Häuser. Beides sehen zu können – was für ein Privileg! Den besten Blick haben wir von einem der elf Türme, die wir über einen Weg auf der Burgmauer erreichen. Großartig fühlt es sich auch an, die Treppenstufen am Nordhang der Burg hinunterzugehen – dem Sonnenlicht entgegen.

● Castelo de São Jorge, Rua de Santa Cruz do Castelo, 1100-129 Lissabon
castelodesaojorge.pt
● ÖPNV: Haltestelle Largo Portas oder Castelo

Shoppen für den guten Zweck

32 Im Sozialgeschäft Dona Ajuda

In den beiden Markthallen des Viertels Rato werden nicht mehr frisches Obst und Gemüse, Fisch und Fleisch angeboten, sondern Bekleidung, Dekoartikel und Möbel. Die Halle links ist das Bekleidungsgeschäft. Alles, was Secondhand und Vintage und noch in sehr gutem Zustand ist, wird hier ausgelegt und aufgehängt. In den kleinen Räumen, die wie Mini-Boutiquen wirken, weil sie so liebevoll eingerichtet sind, sind die Klamotten sortiert: Blusen, Hosen, Röcke und Kleider, Strandbekleidung. In der großen Haupthalle werden Bücher und Spiele, Haushaltsgeräte, Pflanzen, Dekoartikel und Möbel angeboten. Die Einnahmen kommen bedürftigen Familien zugute. Man kann hier auch Gebrauchtes abgeben. Die Spenden werden geprüft, nur gut Erhaltenes wird zum Kauf angeboten.

Dona Ajuda ist ein Projekt der Nachbarschaftshilfe, die diese Markthalle sehr hübsch und modern umgestaltet hat. Es herrscht eine familiäre Atmosphäre und es gibt immer wieder Neues zu entdecken, das Angebot wechselt natürlich ständig. Aber auch die Menschen, die hier arbeiten, lohnt es zu „entdecken". Es sind Ehrenamtliche, die etwas für die Gemeinschaft tun wollen. Fairer Handel, Nachhaltigkeit und soziales Engagement sind ihnen wichtig. Sie sind sehr aufgeschlossen und freuen sich über Besuch und nette Gespräche. Zudem können wir uns hier stärken. Vor der Markthalle weisen rote Sonnenschirme und gleichfarbige Plastikstühle darauf hin: Hier befindet sich das typisch portugiesische Restaurant O Cantinho do Rato. Es bietet nur Mittagstisch, aber noch zu Preisen wie vor dem Tourismusboom.

An der viel befahrenen Straße mit breitem Bürgersteig weist das Logo des Ladens, ein hellgrünes gezeichnetes Frauengesicht mit Dutt, darauf hin, dass diese Einfahrt zur Markthalle führt – wo wir Schönes bekommen und dadurch Gutes tun. Ein wahrer Glücksort.

● Dona Ajuda, Rua Alexandre Herculano 64, 1250-012 Lissabon
donaajuda.pt
● ÖPNV: Haltestelle Rato

Eis geht immer

33 Eisdiele Nannarella

Besonders an den vielen heißen Tagen in Lissabon ist Eis einfach das Beste. Aber auch direkt nach einer Mahlzeit passt immer noch eins hinterher. In Lissabon gibt es weniger Eisdielen als erwartet. Dafür sind darunter einige ganz besondere, die sich auf bestimmte Eissorten oder Arten des Speiseeises spezialisiert haben. Andere bieten die normale Bandbreite an Sorten an, dafür mit speziellen Zutaten oder Zubereitungsarten. Da ist es nicht einfach, eine Favoritin zu finden, aber meine Lieblingseisdiele ist Nannarella. Seit 2013 gibt es diese typisch italienische Eisdiele in der Stadt. Denn ja, für mich muss es unbedingt italienisches Eis sein. Und das wird hier nach traditionellen Rezepten selbst hergestellt. Immer wieder wechseln die Sorten – es lohnt sich also, öfter vorbeizukommen.

TIPP Die wohl beliebteste Eisdiele in Lissabon und Umgebung ist Santini auf der Rua do Carmo 9.

Was ich an der Eisdiele mag: Es gibt die traditionellen Sorten wie Vanille, Schokolade und Erdbeer, aber auch außergewöhnliche wie Parmesan-Birne. Meine Lieblingssorten sind Pistazie und Flor di Basilico, Basilikum-Eis. Aber auch Granatapfel oder Mango sind sehr gut und super in Kombination mit dem Basilikum-Eis. Auf der Karte ist bei jeder Sorte die Herkunft der Produkte angegeben. Die Inhaberin, Constanza Ventura aus Rom, achtet darauf, dass alles so regional wie möglich ist, und so kommen die allermeisten Produkte aus Portugal: Orangen von der Algarve, Bananen von Madeira, Ananas von den Azoren. Serviert werden keine Eisbällchen, sondern das Eis wird wie in Italien mit einem Spachtel in den Becher oder auf die Eiswaffel gegeben. Wir wählen die Größe des Bechers oder der Waffel, zahlen diese Größe, und hinein kommt so viel Eis wie passt – und so viele verschiedene Sorten wie gewünscht. Die können wir am besten am nahe liegenden Praça das Flores oder die Straße runter im Garten des Parlaments genießen. Zart zergeht das cremige Eis auf der Zunge, und sofort stellt sich ein Sommergefühl ein, egal welche Jahreszeit gerade ist. Ich bin überzeugt: Eis ist gefrorenes Glück.

- Nannarella, Rua Nova da Piedade 64 a,1200-299 Lissabon
nannarella.pt
- ÖPNV: Haltestelle Palácio de São Bento (Jardim)

Mannarella
GELATI ALLA ROMANA

Ein Ausflug auf die Kapverden

34 Kapverdisches Kulturzentrum

Die Kapverden sind eine Gruppe von 15 kleinen Inseln und liegen im Atlantischen Ozean vor der afrikanischen Westküste auf ungefährer Höhe von Dakar, Senegal. Amtssprache: Portugiesisch. Im Lissabonner Kulturzentrum des Landes werden auf drei Etagen Werke kapverdischer Kunstschaffender ausgestellt. Als ich dort war, wurden im Erdgeschoss farbenfrohe Porträts kapverdischer Musiker des Künstlers Luís Levy Lima gezeigt. Auf der ersten Etage befand sich eine multimediale Ausstellung zur Morna, der traditionellen Musik des Landes, die gleichzeitig auch Nationalsymbol und Identifikationsfaktor ist. Ein Stockwerk höher hingen in drei Räumen Exponate dreier Künstler von drei verschiedenen kapverdischen Inseln mit drei unterschiedlichen Hintergründen: einer, der noch immer auf den Kapverden lebt, einer, der ausgewandert ist, und ein Portugiese mit kapverdischen Wurzeln. Diese Ausstellung wird in verschiedenen Kunsträumen der Stadt gezeigt, wobei die Exponate öfter ausgetauscht werden. Es bleibt aber stets bei den drei verschiedenen Perspektiven. Das Kulturzentrum ermöglicht uns, in dieses für uns sehr fremde Land einzutauchen.

Als es 2019 eröffnet wurde, war es das erste Kulturzentrum eines afrikanischen Landes mit Portugiesisch als Amtssprache auf dem europäischen Kontinent. In den oberen Stockwerken befindet sich die kapverdische Botschaft – hier gibt es keinen Zutritt ohne Termin. Aber der Keller ist einen Besuch wert: Hier lädt das Restaurant Bistrô Crioulo mit kleiner Terrasse dazu ein, kapverdische Speisen zu probieren. Wie Cachupa, das Nationalgericht der Inseln: ein lange gekochter Mais-Bohnen-Eintopf mit Maniok, Süßkartoffeln, Fisch oder Fleisch. Oder Djagacida, ein traditionelles Gericht der Ilha do Fogo mit Bohnen, Maniok, Maisbrei, Süßkartoffeln und gesalzenem Fleisch. Oder das für die Hauptstadt Praia bekannte Gericht Cozido de Peixe Seco à Moda de Santiago: Fisch mit Maniok, Kartoffeln, Kohl. Neues zu probieren macht so glücklich!

TIPP

Das kapverdische Restaurant Tambarina in der Rua do Poço dos Negros. Super Cachupa und Livemusik.

● Centro Cultural de Cabo Verde, Rua de São Bento 640, 1250-220 Lissabon
● ÖPNV: Haltestelle Rua do Arco

WHO
OMS

Abseits vom Trubel

35 Aussichtspunkt Jardim do Torel

Eingefleischte Romantiker kämen bevorzugt hierher, um ihren Liebsten Gedichte vorzutragen oder auf der Gitarre zu spielen, heißt es. Gitarrenmusik habe ich hier tatsächlich schon gehört, vorgetragene Verse leider noch nicht. Mittlerweile hat sich sein Charme herumgesprochen und besonders nach Feierabend und am Wochenende ist der Garten am Ende des Hügels Sant'Ana gut besucht. Er bietet sich auch so wunderbar an, um den Blick über die Stadt schweifen zu lassen oder unter den Bäumen im Gras zu picknicken. Von hier aus sehen wir das gegenüberliegende Bairro Alto mit dem Aussichtspunkt São Pedro de Alcântara, den Botanischen Garten und das Tal der Prachtstraße Avenida da Liberdade. Ganz links erhaschen wir auch einen Blick auf das Blau des Tejo. In der Woche zur Mittagszeit sind noch weniger Menschen hier. Dann genießen Angestellte oder Studierende ihre Pause in der Sonne oder im Schatten, je nach Jahreszeit. Auch ich habe den Park durch meine damaligen Kolleginnen kennengelernt. Angelegt hat den Garten der Graf von Castro Guimarães, der mit seiner Familie nebenan wohnte. Seit 1928 ist er in Besitz der Stadtverwaltung, die ihn für Besucher öffnete. Wir erreichen ihn zum Beispiel über den Ascensor do Lavra, den ältesten noch betriebenen Aufzug der Stadt und den unbekanntesten. Eine Fahrt lohnt sich, da der Aufstieg sehr steil ist.

Nach einer Pause im Garten gehen wir nicht wieder durch das Eingangstor zurück, sondern durch das Tor rechts und die Stufen hinunter. Hier befindet sich eine weitere Aussichtsplattform, die in einem ganz anderen Stil angelegt wurde. Kahl, ohne Pflanzen, dafür mit einem Pool. Der wird besonders an heißen Tagen gut genutzt, ist es doch der einzige Brunnen der Stadt, in dem Schwimmen zwar vielleicht nicht erlaubt ist, aber geduldet wird. Nach der Abkühlung gehen wir weiter treppab, vorbei an einem Kinderspielplatz und einer Grundschule. Danach erreichen wir die Rua do Telhal, die an der Avenida da Liberdade endet. Alles ganz in Ruhe.

- Jardim do Torel, Rua Júlio de Andrade, 1150-122 Lissabon
- ÖPNV: Haltestelle Faculdade Medicina

Craft-Bier & urbane Kunst

36

Im Szene-Viertel Marvila

Vor 10 Jahren wäre wohl niemand auf die Idee gekommen, einen Besuch in Marvila zu empfehlen. Das industrielle Hafenviertel mit den vielen Lagerhallen, Auto-Werkstätten und heruntergekommenen Häusern war nicht reizvoll. Das hat sich komplett geändert. Unter Touristen hat es sich noch nicht so herumgesprochen, aber bei Einheimischen ist es längst als Szene-Viertel mit besonderem Flair bekannt.
Restaurants, Kunstgalerien, Clubs, Cafés, Bars, Kletterhalle – hier gibt es alles auf engstem Raum. Wir fahren mit dem Bus bis zur Haltestelle Poço Bispo – ein guter Startpunkt für eine Tour. Hier beginnen wir der Reihe nach: Die interaktive und immersive Ausstellung „Ah! Amália" über Portugals bekannteste Fado-Sängerin Amália Rodrigues. In acht Räumen können wir in ihr Leben eintauchen und ihrer Stimme lauschen. Eine Stärkung bekommen wir nebenan in der Taqueria Paloma, wo noch bis 2 Uhr morgens Tacos serviert werden. Damit sich alles die Waage hält, geht's weiter mit Kultur im Marvila 8, einem alternativen Kulturzentrum mit Kunstgalerien, Pflanzengeschäft, Tattoostudio, Bar und Padel-Tennis-Court. Ab und zu ist auf dem großen Gelände auch Flohmarkt. Dieser Ort befindet sich, wie die meisten hier, in einer ehemaligen Lagerhalle, diesmal für Wein. Die ehemalige Weinlagerstätte Abel Pereira da Fonseca gehört mit ihrer beeindruckenden Fassade zu den meistfotografierten Motiven des Viertels. Seine Nachfahren haben Marvila 8 gegründet, zu dem auch das Marvila Bakehouse gehört, direkt nebenan. Gehen wir die Straße weiter geradeaus oder auch ein Stück zurück, kommen wir zu den wichtigsten Spots des Viertels: historische Gebäude, Restaurants, Cafés und viel Streetart. Es lohnt sich aber auch, abseits dieser Straße zu gehen. Da erreichen wir zwei populäre Craft-Bier-Brauereien: Musa de Marvila und Dois Corvos. Die Biere wurden mehrfach international ausgezeichnet und die Schankräume waren die ersten dieser Art in Portugal. Von hier könnte die Tour weitergehen bis zum Tejo-Ufer, wo ein neuer Park entstanden ist. In Marvila findet sicher jeder ein Glücksörtchen.

TIPP

Ein Ausflug nach Marvila lohnt sich ab dem Nachmittag. Vorher ist das meiste geschlossen.

● Marvila, Rua do Açúcar, 1950-131 Lissabon
● ÖPNV: Haltestelle Poço Bispo

ABEL PEREIRA DA FONSECA
LISBOA
ABEL PEREIRA DA FONSECA
ARMAZÉ

Im Croissant-Himmel

37 Croissants vom Glatzkopf

Lissabon ist berühmt für die Pastéis de Nata. Aber hier gibt es auch richtig gute Croissants. Es wird erzählt, sie seien zur Zeit der französischen Invasion nach Portugal gekommen, wurden dann in eine eigene portugiesische Version abgeändert und seien seitdem in jeder Konditorei zu finden. Was für ein Glück! Sie schmecken nämlich richtig gut. Klassisch gibt es drei Varianten: ohne alles, mit Schokofüllung oder, mein Favorit, mit Creme-Füllung. Portugiesische Croissants sind sehr süß, oft werden sie noch zusätzlich in Zucker gewälzt – richtige Kalorienbomben, aber unglaublich lecker. Neben den drei Varianten gibt es auch Croissants mit herzhaftem Belag wie Schinken-Käse, Thunfisch, Kopfsalat, Tomate oder Salami, Lachs, Hummus. Süß ist der Teig auch hierbei.

TIPP

O Melhor Croissants da Minha Rua: süße Croissants mit herzhafter Füllung. Es gibt mehrere Filialen.

Die wohl besten Croissants gibt es in der Pastelaria O Careca, auf Deutsch: Konditorei Der Glatzkopf. Sie befindet sich in Restelo, dem vornehmsten Wohnviertel Lissabons. Es liegt westlich von Belém. Hier stehen große Einfamilienhäuser mit Garten und Blick auf den Tejo, in denen viele Diplomaten wohnen, denn Restelo ist das Botschaftsviertel. Viele Lissabonner durchqueren besonders am Wochenende die ganze Stadt, nur um ein Croissant von Careca zu essen. Die kleine Konditorei wurde 1954 eröffnet und ist traditionell eingerichtet. Man bestellt an einer der beiden Theken, je nachdem, ob man die Croissants mitnehmen (links) oder vor Ort genießen möchte (geradeaus). Am besten sind sie frisch aus dem Ofen. Dieses Glück hatte ich, als ich das letzte Mal dort war. Eine Füllung ist hier nicht nötig und ein Croissant reicht völlig aus. Auch wenn man sich nach dem ersten Bissen wünscht, dieses süß-buttrige Gebäck würde nie enden. Der warme Teig zergeht nur so auf der Zunge! Dazu einen Galão, einen Milchkaffee im Glas, und einen guten Platz mit Blick auf das Treiben. Ein Spaziergang durch das luxuriöse Viertel rundet den Ausflug ab. Es geht bis zur Avenida de Torre de Belém mit Blick auf den Turm im Jacarandá-Blütenmeer.

- Pastelaria O Careca, Rua Duarte Pacheco Pereira 11 d, 1440-139 Lissabon
pastelariaocareca.pt
- ÖPNV: Haltestelle Rua São Francisco Xavier

LISBOA
PASTELARIA
CARECA
DESDE 1954
RESTELO

Wie im Film

38

Lissabons ältester Kinosaal

In Lissabon befinden sich die allermeisten Kinos in den großen Shoppingzentren. Jede Mall hat ein Kino, und es gibt nur noch wenige darüber hinaus. Die alten traditionsreichen Kinos der Innenstadt sind leider fast alle verschwunden. Somit ist der Besuch im Cinema Ideal ein ganz besonderer. Es ist der älteste Kinosaal der Stadt, der noch in Betrieb ist. Man könnte das Cinema Ideal als Nachbarschaftskino bezeichnen, denn es hat einen einzigartigen familiären Charme, ist ganz einfach gehalten und gleichzeitig traditionsreich. Es befindet sich mitten in der geschäftigen Baixa, direkt am Praça Luis de Camões. 1904 wurde es eröffnet, in den 1950er-Jahren umfassend renoviert, 2014 noch einmal und dann auch erst wieder eröffnet. Der einzige Saal hat einfache Sitzplätze im Zuschauerraum und auf dem Balkon darüber. Die gläsernen Eingangstüren, die mit Filmplakaten beklebt sind, öffnen sich in das kleine Foyer. An der Kasse gibt es Snacks, aber kein Popcorn oder Nachos. Direkt gegenüber befindet sich allerdings die Manteigaria – und was wäre passender in Lissabon als eine Pastéis de Nata zum Kinofilm?

Das Cinema Ideal ist ein Programmkino. Gezeigt werden alternative, unabhängige Spielfilme und Dokumentationen aus der ganzen Welt. Im Gegensatz zu den großen Kinos, wo hauptsächlich Hollywood-Produktionen laufen und sehr selten europäische Filme. Regelmäßig finden hier auch Veranstaltungen statt, wie Gespräche mit Regisseuren oder Drehbuchautorinnen sowie Filmfestivals. Wem die Wahl des Films schwerfällt, fragt einfach die Mitarbeitenden. Sie kennen sich bestens aus und beraten gern. Jeden Donnerstag erscheint ein neues Kinoprogramm. In Portugal werden nur Kinderfilme synchronisiert. Alle anderen laufen glücklicherweise in Originalsprache, und so können wir uns den Film in unserer Lieblingssprache aussuchen und problemlos in eine andere Welt eintauchen.

TIPP

Das prächtige Kino São Jorge auf der Avenida da Liberdade. Nur zu Veranstaltungen geöffnet.

● Cinema Ideal, Rua do Loreto 15, 1200-241 Lissabon
cinemaideal.pt
● ÖPNV: Haltestelle Praça Luis Camões

cinem
15
PASSARINHOS
E PASSARÕES
de PIER PAOLO PASOLINI
QUINTA, SÁBADO, SEGUNDA, QUARTA
16:00
MAMMA ROMA
de PIER PAOLO PASOLINI
SEXTA, DOMINGO, TERÇA
16:00

Ein Stückchen Regenwald

39

Im Gewächshaus Estufa Fria

Sattes Grün. Hohe Luftfeuchtigkeit. Der Geruch von feuchter Erde. Palmen, Kakteen, Wasserläufe, Vögel. Nein, das ist nicht der tropische Regenwald, aber es fühlt sich so an und sieht hier auch so aus. Nur, dass dieses kleine Stückchen Wald in einem Gewächshaus liegt – mitten in der Stadt. Die Estufa Fria, übersetzt: Kaltes Gewächshaus, ist einer der grünsten Orte Lissabons. Der Name ist etwas irreführend, denn in Wahrheit sind es drei Gewächshäuser: das kalte, heiße und liebliche. Hier werden Pflanzen aus den verschiedensten Klimazonen der Welt gepflegt. Die Anlage ist aufwendig gestaltet und zeigt abwechslungsreiche Landschaften mit Teichen, Hügeln, Skulpturen, Grotten, Terrassen. Sie wurde 1933 eingeweiht und befindet sich in einem ehemaligen Steinbruch.

TIPP

Die Aussicht vom Park Eduardo VII auf die Avenida da Liberdade und Lissabon.

Das mit 8100 Quadratmetern größte und auch beeindruckendste der drei Gewächshäuser ist das kalte Gewächshaus. Der Name weist darauf hin, dass es nicht beheizt wird und kein Glasdach hat. Da es nach Süden ausgerichtet ist und es in Lissabon selten richtig kalt wird, können hier Pflanzen aus Brasilien, China, Australien, Mexiko und Korea gut wachsen. Wie Kamelien, Monstera, Rhododendren und Farne. Mehr als 300 Farn-Arten gibt es hier. Das Dach besteht aus vielen schmalen Holzleisten, die Licht und Regen reinlassen. Hier fühle ich mich an manchen Ecken wirklich wie in einem kleinen Urwald und spüre sofort die saubere, frische Luft. Eine Anhöhe hinauf und durch eine Tür gelangen wir ins heiße Gewächshaus. Es ist komplett verglast und hat eine hohe Luftfeuchtigkeit. Verschiedene schmale Wege führen einen Hügel hinauf, vorbei an Kaffeepflanzen, Hibiskus, Mangobäumen und Bananenstauden. Das kleinste ist das liebliche Gewächshaus. Ein Anbau im Osten der Anlage. Hier wachsen die Kakteen. In allen Gewächshäusern ist es still. Wenn sich jemand unterhält, dann automatisch mit gedämpfter Stimme. Nach einer Reise durch die Pflanzenwelt und verschiedene Klimazonen fühle ich mich nicht erschöpft, sondern im Gegenteil sehr erholt.

- Estufa Fria, Parque Eduardo VII, 1070-051 Lissabon
- ÖPNV: Haltestelle Parque, Rua Marquês de Fronteira oder Alameda Edgar Cardoso

Obendrauf und mittendrin

40 Rooftop-Bar TOPO

In Lissabon gibt es sehr viele Rooftop-Lokale, und es werden immer mehr. Klar, das bietet sich ja auch an bei den vielen Hügeln. Generell sind Rooftop-Bars teurer und die allermeisten sind angesagte Hotspots, wo Touristen und Einheimische zu DJ-Sets Cocktails schlürfen und sich und den Sonnenuntergang fotografieren. Das TOPO ist hier keine Ausnahme, aber seine Lage macht es einzigartig und unprätentiöser als die anderen Lokale. Es befindet sich auf einem Kaufhaus-Dach. So weit, so unspektakulär. Das Centro Comercial Martim Moniz ist aber ein Ort, in den Touristen normalerweise nicht gehen, und auch die anderen Gäste der Rooftop-Bars würden sonst wohl kaum hierherkommen – genau das macht es so interessant. Das Kaufhaus ist Treffpunkt vieler Immigranten aus China, Pakistan, Osttimor, Indien und den afrikanischen Ländern mit Portugiesisch als Amtssprache. Auf fünf Etagen befinden sich zahlreiche kleine Geschäfte. Angeboten werden Handyzubehör, Küchengeräte, geflochtene Körbe, afrikanische Stoffe, Bettwäsche, Kosmetik und vieles mehr. Es empfiehlt sich, nicht gleich im Erdgeschoss den Aufzug zu nehmen, sondern die breite Treppe hinaufzusteigen und das Flair des Einkaufzentrums zu spüren – und vielleicht auch in dem einen oder anderen Laden zu stöbern.

In die sechste Etage kommen wir nicht zu Fuß, nur der Aufzug führt dorthin. Früher war sie ein Lagerraum. Heute befinden sich hier ein indisch-spanisches Restaurant und eine Open-Air-Cocktailbar mit einer großen Gin-Auswahl und Wasabi-Snacks, Gyosa, Samosas und Sounds vom DJ. Dazu blicken wir auf die Viertel Mouraria und Graça und zum Aussichtspunkt Nossa Senhora do Monte. Wer schwindelfrei ist, sieht unten die viel befahrenen Straßen um den Platz Martim Moniz. Besonders an der Spitze der dreieckigen Bar sind wir mitten im Lissabonner Trubel und dennoch erhaben. Ein super Ort für eine urbane Sommerparty.

● TOPO, Centro Comercial Martim Moniz, 6. Etage, Praça Martim Moniz, 1100-341 Lissabon, topo-lisboa.pt

● ÖPNV: Haltestelle Socorro oder Martim Moniz

Durchs Viertel schlemmen

41

In der Markthalle von Campo de Ourique

Nahezu jedes Lissabonner Viertel hat seinen eigenen, meist kleinen Wochenmarkt. Der Mercado de Campo de Ourique ist nur eine von 27 Markthallen der Stadt, aber dafür eine besonders schöne mit guter Auswahl und entspannter Atmosphäre. Er liegt im hübschen Wohn- und einstigen Arbeiterstadtteil Campo de Ourique. Hier gibt es das gleiche Angebot wie in den meisten anderen Markthallen auch: frisches Obst und Gemüse, Trockenfrüchte und Nüsse, Käse und frischer Fisch. Angeboten meist von älteren Verkäuferinnen an hübschen, kleinen Ständen, die an Pavillons erinnern. Die Markthalle ist sehr hell und freundlich gestaltet: die Stände in Beige gehalten, der Boden in hellem Ocker, die Wände strahlend weiß. Seit 1943 ist der Markt die Anlaufstelle für Menschen auf der Suche nach frischen Lebensmitteln. 1991 kamen die ersten kleinen Imbissbuden in die Markthalle, bei denen komplette Gerichte bestellt und nachher am Tresen gegessen wurden. Erst seit 2013 gibt es die Sitzplätze. Der Mercado de Campo de Ourique ist bei Einheimischen sehr beliebt und bietet eine gemütliche und familiäre Atmosphäre. In dem Teil des Markts, wo Tische und Bänke stehen, ist besonders zur Mittagszeit viel los, da an verschiedenen Buden kleine Gerichte und Mittagstisch angeboten werden.

TIPP

Der Friedhof Cemitério dos Prazeres mit reich verzierten Mausoleen aus edlem Stein.

Das Konzept ist das gleiche wie beim großen Mercado da Ribeira, besser bekannt als Time Out Market, im Stadtzentrum am Cais do Sodré: Einige Restaurants der Stadt und vor allem des Viertels bieten ihr Menü oder eine kleinere Version ihrer Gerichte an: gegrilltes Fleisch mit Gemüse, frische Austern mit Zitronensaft, Hummus mit warmem Brot. Dazu portugiesischer Wein oder selbst gemachte Limonade. Die Auswahl ist reichhaltig: portugiesische Küche, Pizza, Sushi, Biere aus verschiedenen Ländern, traditionelle Süßspeisen wie Eierkuchen und Milchreis. Abends werden hier zu Livemusik Cocktails gemixt und Burger belegt. Der perfekte Ort, um einen geschmacklichen Eindruck der Restaurants des Viertels zu bekommen.

● Mercado de Campo de Ourique, Rua Coelho da Rocha 104, 1350-075 Lissabon
● ÖPNV: Haltestelle Rua Saraiva Carvalho

Maçã
Alcobaça

Begehbarer Bücherschrank

42

In Simãos winzigem Buchladen

Wer durch die Tür tritt, steht direkt vor einem hohen Bücherregal. Die Nase berührt fast die Buchrücken. Ein leicht süßlich muffiger Geruch umgibt sie. Der Raum ist nur 4 Quadratmeter groß und sehr schmal. Vor der Bücherwand kann man nur noch etwas nach rechts gehen. Mehr Leute passen nicht hinein, denn links sitzt bereits Simão Carneiro, der Besitzer, vor seinem Computer, ganz versteckt in der Ecke neben der Eingangstür. So ist er von außen nicht zu sehen und kann in Ruhe arbeiten. Denn hier kommen viele Menschen vorbei. Sein Buchladen ist als einer der kleinsten weltweit berühmt geworden, und immer wieder stecken Neugierige ihren Kopf durch die Tür. Aber nur wenige bleiben und haben wirklich Interesse an Büchern. Darum ist Simão auch erst einmal etwas grummelig, als ich ihn anspreche. Er denkt, ich möchte nur schnell ein Foto machen. Als er merkt, dass ich wirklich interessiert bin, blüht er auf. Der ehemalige Chemielehrer hat eine große Leidenschaft, über die er sich gern austauscht: Literatur. Er spricht viele Sprachen und hört auch die gern, deren er nicht mächtig ist. Regelmäßig höre er sich beispielsweise Hörbücher auf Deutsch an, einfach wegen des Klangs der Sprache.

In seinem Buchladen verkauft Simão gebrauchte Buchschätze in allen Sprachen, die meisten sind auf Portugiesisch. Rund 4000 Bücher befinden sich in den Regalen: Poesie, Comics, Stadtführer, Handschriften, Sonderausgaben. Mit der Literatur seines Landes kennt Simão sich am besten aus, berät und informiert gern. Aber er kann nicht nur über Literatur sprechen, sondern auch gute Geschichten erzählen: über die Reise seiner Bücher, über seinen Lieblingsschriftsteller Teixeira de Pascoaes und dessen Heimat im Norden Portugals und über das Viertel, in dem sein Mini-Buchladen liegt. Die Treppen, an denen sein Laden sich befindet, führen in das spannende Viertel Mouraria. Es lohnt sich, Simãos kleine, magische Bücherwelt zu besuchen und mit etwas Glück einen Literaturschatz zu finden.

TIPP

Der Imbiss As Bifanas do Afonso ganz in der Nähe, der typische portugiesische Sandwiches mit dünnem Steak anbietet. Sehr beliebt!

- Livraria do Simão, Escadinhas de São Cristóvão 18, 1100-213 Lissabon
- ÖPNV: Haltestelle Praça da Figueira

presente
Lisboa
EMPIRE ADRIFT
SALMAN RUSHDIE FURY
LEON URIS
GHOSTWRITTEN
NADINE GORDIMER

Publikumsmagnet

43 Berardos Kollektion

Mitten im Viertel Belém am Park Jardim da Praça do Império und auf dem Weg zum Turm von Belém liegt das Kulturzentrum des Viertels, das Centro Cultural de Belém (CCB). Es könnte sich an keinem besseren Ort befinden, denn hier ist Lissabons Museumsviertel. Bis 1886 war Belém noch ein selbstständiger Kreis, dann wurde es eingemeindet. Nun befinden sich hier zahlreiche Museen, Denkmäler, Gärten und Paläste. Das eindrucksvollste Gebäude ist das Hieronymiten-Kloster, das sich unbedingt für einen Besuch empfiehlt – wenn die Warteschlange einmal nicht zu lang ist.
Nur ein paar Schritte weiter liegt das CCB. In dem riesigen, hellen Komplex, der anlässlich der portugiesischen EG-Präsidentschaft 1992 errichtet wurde, finden Konferenzen, Konzerte und Theateraufführungen statt. Und hier befindet sich das bedeutendste Museum für moderne und zeitgenössische Kunst Portugals. Es beheimatet die Kollektion des Kunstsammlers Joe Berardo. Mehr als 4000 Werke umfasst die Sammlung des 1944 auf Madeira geborenen Unternehmers, im Museum werden rund 900 ausgestellt. Es ist die meistbesuchte Kunstsammlung Portugals. In den zwei permanenten und zwei temporären Ausstellungen bekommen wir einen guten Überblick über die künstlerischen Bewegungen ab dem 20. Jahrhundert. Von Surrealismus über Pop-Art bis zu heutigen Multimedia-Installationen. Im Erdgeschoss beginnt die Kunst-Zeitreise in chronologischer Reihenfolge. Wir sehen Werke von Pablo Picasso, Piet Mondrian, Joan Miró, Andy Warhol, Salvador Dalí, René Magritte – um nur ein paar Namen zu nennen. Natürlich werden auch portugiesische Kunstschaffende ausgestellt, wie Helena Almeida oder Pedro Cabrita Reis. Schon am Eingang werden wir von einem Kunstwerk begrüßt: „L'Arbre biplan" von Jean Dubuffet von 1960, und vor dem Ausgang steht draußen die Skulptur „Les Baigneuses" von Niki de Saint-Phalle. Nach dem Museumsbesuch lohnt sich eine Pause im Café und Restaurant EsteOeste. Es bietet einen guten Blick von oben auf den Tejo.

- Museu Coleção Berardo, Praça do Império, 1449-003 Lissabon
  ccb.pt/macccb
- ÖPNV: Haltestelle Centro Cultural Belém

44 Auf der Grünen Straße

Rote Lampions, gelbe, grüne und rote Girlanden und vor allem viele Pflanzen. Bananenstauden, Palmen, Farne, Monstera. Auf dem extrem schmalen Bürgersteig, von den französischen Balkonen, von Fensterbänken und an den Hauswänden hängen sie herunter. Zu beiden Seiten einer der engsten Straßen Lissabons stehen Tische und Stühle der kleinen Lokale. Die Fußgänger schlängeln sich daran vorbei. Es herrscht eine gemütliche Sommerabend-Stimmung. Gesessen und gegessen oder etwas getrunken habe ich hier zugegebenermaßen noch nie, aber ich komme gern hier vorbei. Die Rua Verde oder Green Street, wie die Straße neu getauft wurde, macht einfach gute Laune. Das sehe ich auch in dem Lächeln derjenigen, die durch die Straße schlendern oder unter dem Blätterdach speisen.

Bis vor einigen Jahren war die Rua da Silva, so heißt die Straße eigentlich, eine ganz normale Durchgangsstraße. Dann zogen drei Menschen hierher, die sich auf verschiedene Weise verwirklichten: mit einem Schmuckladen, einem Atelier, einem Restaurant. Sie dekorierten ihre Hauseingänge mit Pflanzen und bemerkten, dass viele Passanten begeistert waren. Daraus entstand eine Initiative, der sich mittlerweile alle Bewohner der Straße angeschlossen haben: Es sollte die grünste Straße Lissabons werden. Nicht nur durch die Pflanzen, sondern auch durch eine grüne, also nachhaltige Lebensweise. So verzichten sie beispielsweise auf Plastik, fördern traditionelle Handwerkskunst und unterstützen sich gegenseitig als echte Straßengemeinschaft. Alle Läden und Lokale auf der Straße sollen ein nachhaltiges Konzept haben. Am Beginn und Ende der Straße ist auf dem Asphalt der weiße Schriftzug „A Rua é Sua“ zu lesen: Diese Straße ist Ihre. Das ist ein Projekt der Stadt Lissabon, das 2019 begann und den Bewohnern die Stadt zurückgeben möchte. Heißt: Sie soll lebbarer werden durch sichere Bürgersteige, mehr Platz für Außengastronomie, Kunst im öffentlichen Raum, autofreie Straßen. Ein grüner Glücksort, der zum Nachahmen anregt.

● Rua da Silva, 1200-267 Lissabon
● ÖPNV: Haltestelle Conde Barão oder Conde Barão – Avenida Dom Carlos I

GREEN STREET LISBON
Beauty Studio
Cabeleireiro e estética
ASIAN BEERS
SINGHA
TIGER
HOT SAKE
IPA

Der Weg ist das Ziel

45 Mit der Tram durch die Stadt

Weiß-gelb rattert sie durch Lissabon: die Straßenbahn, genannt *elétrico,* die Elektrische. Fernando Pessoa beschrieb als Bernardo Soares in seinem „Buch der Unruhe", wie er sich der Freude und dem Schrecken der schwindelerregenden und rauschhaften Geschwindigkeit der Straßenbahn hingibt. Für uns ist die Fahrt heute eher ein entschleunigender Ausflug in die Vergangenheit. Aber nicht weniger vergnüglich.
Am beliebtesten ist die Linie 28, da sie viele Sehenswürdigkeiten anfährt und so für wenig Geld eine gute Stadtrundfahrt bietet. Allerdings sind die Warteschlangen an den Haltestellen so lang, dass mir die Lust vergeht. Glücklicherweise gibt es Alternativen: die Linien 25 und 12. Letztere ist eine Rundfahrt um den Hügel, auf dem die Burg São Jorge steht. Sie ist die kürzeste Tramlinie der Stadt. Wir stellen uns an der Haltestelle bei der Kathedrale Sé in die Warteschlange und geben dem Fahrer in der anrauschenden Bahn mit der Hand ein Zeichen, damit er anhält. Wie alle anderen steigen wir vorne ein. Dann geht es quietschend den Hügel hinauf durch die Alfama. Ich meine zu hören, dass die Bahn schnaubt, so stark scheint sie sich anzustrengen. Auf der Strecke bieten sich verschiedene Stellen für einen Aufenthalt an, wie der Aussichtspunkt Portas do Sol. Wir fahren weiter durch die ebenso engen Gassen der Mouraria und dann ruckelnd am Rossio vorbei. Durch die gerade Geschäftsstraße Rua da Prata fährt die Bahn schneller. Am Ende der Straße ist die Rundfahrt vorbei, und wir können gemütlich zum Praça do Comércio schlendern.
Die Linie 25 bietet keine Runde, sondern eine Fahrt vom Stadtzentrum bis zum sehenswerten Friedhof Prazeres. Am Praça da Figueira beginnt die Fahrt und dauert ungefähr 30 Minuten. Vorbei am Praça do Comércio, durch die hübschen Viertel Santos und Lapa, zwischen Kirche und Park von Estrela hindurch. Um anzuhalten, drücken wir auf einen der kleinen roten Knöpfe, die in der holzvertäfelten Wand eingelassen sind. Aber am liebsten möchte man ewig weiterfahren.

TIPP

Für Tram-Fans: das Straßenbahn-Museum Museu da Carris in Alcântara.

- Tram 12 und 28, Largo da Sé, 1100-585 Lissabon
- Tram 25, Praça da Figueira, 1100-241 Lissabon

M. MONIZ 12
571
Coca-Cola

Vintage-Shopping

46 Secondhandläden

Für diejenigen, die auf Gebrauchtes stehen, auf Kleidung mit Geschichte, zeitlosen Schmuck und Objekte mit antikem Vibe, hat Lissabon einiges im Angebot. In der ganzen Stadt öffnen immer mehr Secondhandläden, sowohl für Kleidung als auch für Möbel und Dekoartikel. In so gut wie jedem Viertel sind Shops mit gebrauchter Kleidung zu finden, besonders im Zentrum, in Santos und Anjos.
Ein sehr hübscher Laden ist A Outra Face da Lua, Das andere Gesicht des Mondes. Seit 2005 bietet das familiengeführte Geschäft in der Baixa ausgewählte Vintage-Kleidung aus den 1960er- bis 1990er-Jahren an. Als Unterstützung des ethischen und nachhaltigen Konsums, wie sie sagen, für unseren Planeten. Die Verkaufsräume sind mit Kronleuchtern und extravaganten Lampen dekoriert, unter den Bögen hängen historische Fotos, auf antiken Möbeln werden Schmuckstücke präsentiert, und sogar die Kleiderständer sind ansprechend in das Deko-Konzept eingefügt. Hier gibt es keine 08/15-Sachen, sondern ausgewählte Mode. Zum Shop gehört ein kleines Café. Das gibt es auch im gemütlichsten Laden, dem Clube Royale. Dazu selbst gebackenen Kuchen und Secondhandkleidung. Das Geschäft ist wie ein Wohnzimmer und bis an die Decke kunterbunt dekoriert, im Hintergrund läuft Swing. Die Besitzerin Tita ist eine fröhliche Dame mit runder Brille und roten Haaren, die sie zu zwei langen Zöpfen geflochten trägt. Sie sitzt meist mit Strick- oder Häkelnadeln in der Hand an dem großen Fenster und arbeitet an einer neuen Kreation, die sie auch im Laden verkauft. Genauso wie die Stücke anderer lokaler Designer. Zudem bietet sie Nähkurse an und hilft bei Fragen zum Stricken oder Ausbessern eines Kleidungsstücks. Abends gibt es Cocktails, Lesungen, Vorträge, Essen und Livemusik auf der kleinen Bühne. Gimba ist der zweite Besitzer und zuständig für die Abendgestaltung. Die beiden lassen sich immer wieder Neues einfallen. Vorbeischauen und überrascht werden.

- A Outra Face da Lua, Rua da Assunção 22, 1100-044 Lissabon
- Clube Royale, Rua Poço dos Negros 90, 1200-341 Lissabon

Oh, dieses Licht!

47 Sonnenuntergang am Miradouro do Adamastor

Nicht nur tagsüber ist das viel beschriebene und besungene Lissabonner Licht atemberaubend – auch wenn es sich für den Tag verabschiedet. Fernando Pessoa beschreibt es in seinem „Buch der Unruhe" so: „Da ist nur Himmel, Himmel aus lauter schwindenden Farben – weißliches Blau, noch bläuliches Grün, verschwommene ferne Farbtöne von Wolken, die keine Wolken sind, gelblich eingedunkelt von verklingendem Fleischrot." Ein sehr beliebter Sonnenuntergangsspot ist der Aussichtspunkt Adamastor oder Miradouro de Santa Catarina, wie er offiziell heißt. Ein Jahr dauerten die Renovierungsarbeiten, seit Ende 2019 ist er wieder geöffnet. Touristen und Einheimische kommen vor allem gegen Ende des Tages hierher, sitzen allein oder in Gruppen, mit oder ohne Weinglas in der Hand auf den viereckigen Steinklötzen und blicken auf die hinter den Hausdächern und Kränen des Hafens untergehende Sonne. Irgendjemand hat immer Musik dabei, oder ein Straßenmusiker untermalt das Schauspiel. Ja, das Glück liegt in den kleinen Dingen, und die Lissabonner Sonnenuntergänge machen definitiv glücklich. Jeden Abend aufs Neue, jeden Abend anders. Nein, es ist nicht der hübscheste Aussichtspunkt der Stadt. Viel Stein, wenig Grün, nicht sehr sauber. Aber der Blick und die Stimmung sind toll.

Die Statue am Aussichtspunkt zeigt eine Figur aus den „Lusiaden" von Luís Vaz de Camões: den Riesen Adamastor. Sie wurde 1927 hier aufgestellt. „Os Lusíadas" sind ein Epos von 1572, das in Versform die idealisierte Geschichte der portugiesischen Entdeckungsfahrten erzählt. Luís de Camões ist neben Fernando Pessoa der bekannteste Schriftsteller Portugals.

Wer kein Getränk dabeihat, kann sich eins am Kiosk-Pavillon besorgen. Oder auf einen Snack ins Noobai gehen, das am Aussichtspunkt anschließt. Wer gute portugiesische Tapas, Wein und Cocktails bevorzugt, geht ins Madame Pestica, ein Haus weiter, mit Dachterrasse.

● Miradouro de Santa Catarina, 1200-012 Lissabon
● ÖPNV: Haltestelle Calhariz (Bica)

Ort der Hoffnung

48 Statue des Arztes Sousa Martins

Gerade aufgerichtet steht er da, mit seinem Schnauzbart und den krausen Haaren, die rechte Hand etwas gehoben, als wäre er mitten im Gespräch oder in einer medizinischen Beratung. Dem Arzt Dr. José Tomás de Sousa Martins wurde 1904 ein Denkmal errichtet. Denn er war nicht irgendein Arzt – er scheint bis heute zu wirken. Zu seiner Zeit half er vor allem den am stärksten benachteiligten Menschen: Sie mussten für seine Sprechstunden nichts bezahlen, und er gab ihnen das Geld für die nötigen Medikamente. Sousa Martins studierte erst Pharmazie, dann Medizin. Später arbeitete er als Hausarzt im Viertel Pena, wo jetzt seine Statue steht. Zudem war er Professor in der medizinisch-chirurgischen Hochschule, der Vorgängerin der Medizinischen Fakultät, die sich heute hinter seiner Statue befindet. Er spezialisierte sich auf die Behandlung von Tuberkulose. Als er selbst daran erkrankte, nahm er sich mit 54 Jahren das Leben.

Bis heute kommen die Menschen jeden Tag zu ihm. Sie bitten um Gesundheit für sich oder Angehörige, zünden Kerzen an, legen frische Blumen an den Fuß der Statue und stellen Votivtafeln auf. Der Sockel ist von den weißen Tafeln komplett übersät. Auf manchen stehen Lebensdaten, auf anderen sind sogar Fotos zu sehen, auf allen steht *obrigado,* das portugiesische Wort für danke. „Danke, dass du mir in meinen schweren Stunden zugehört hast." „Danke, dass du meine Bitten erhört hast." „Danke, dass du dich meiner Tochter erbarmt hast. Du bist für immer in unseren Herzen." Egal welches Leiden, welche Krankheit: Doutor Sousa Martins wird helfen. Nach seinem Tod wurde er zu einem Volksheiligen. Dabei war er selbst nicht gläubig und wird von der katholischen Kirche auch nicht als Heiliger anerkannt. Das hindert die Menschen aber nicht, sie vertrauen auf ihn. Vor der Statue herrscht daher eine ganz besondere Atmosphäre: eine Mischung aus Faszination, Wunderglaube, Traurigkeit und vor allem Hoffnung.

TIPP

Das Goethe-Institut nebenan hat ein Café und wechselnde Kulturveranstaltungen im hauseigenen Garten.

- Campo dos Mártires da Pátria, 1150-343 Lissabon
- ÖPNV: Haltestelle Faculdade Medicina oder Campo Mártires da Pátria

obrigado

Kunst und Natur vereint

49

Stiftung Calouste Gulbenkian

Eine dicke Steinmauer umschließt das Gelände. Dahinter befinden sich zwei Gebäude und ein 7,5 Hektar großer Garten. Pfade mit Rindenmulch, mit Kies ausgelegte Wege und Steinplatten auf Gras führen unter Palmen hindurch, hinter Büschen vorbei und neben Blumenbeeten, an Teichen und Wasserläufen entlang. Außen führt an allen Seiten eine viel befahrene Straße vorbei, die aber in der Mitte des Areals nicht zu hören ist. Überall, noch in den verstecktesten Ecken sitzen Menschen in kleinen Gruppen oder alleine und blicken ins Grüne oder in ein Buch. Und dennoch findet jede zusätzliche Besucherin hier noch einen schattigen Platz. Mehr als 230 verschiedene Pflanzen befinden sich im Garten, dazwischen Skulpturen, Zitattafeln, Mini-Teiche in geometrischen Formen und andere Kunstobjekte. An Sommerabenden finden auf der Bühne des Amphitheaters Konzerte statt. Der Park, einer der beliebtesten der Stadt, gehört zur Stiftung Calouste Gulbenkian. Ihr Ziel ist es, „die Lebensqualität der Menschen durch Kunst, Wohltätigkeit, Wissenschaft und Bildung zu verbessern". Benannt ist sie nach ihrem Gründer, dem Ölmilliardär Calouste Sarkis Gulbenkian. Zu der Stiftung gehören zwei Kunstmuseen, die zu den wichtigsten Kunsträumen der Stadt zählen. Das eine beheimatet die mehr als 6000 Werke umfassende Sammlung von Gulbenkian. Sie gibt einen guten Überblick über die Kunstgeschichte von 2800 vor Christus bis zur Mitte des 19. Jahrhunderts. Passend zu Gulbenkians Aufenthalten in verschiedenen Ländern, wie seinem Geburtsland Armenien, finden sich viele Objekte aus unterschiedlichen Nationen. Seine letzten Lebensjahre verbrachte er in Lissabon. Besonders östliche und abendländische Kunstwerke, aber auch europäische Meister finden sich in seiner Sammlung. Das andere Museum ist das Zentrum für Moderne Kunst (CAM), das 2024 in einem architektonisch sehenswerten Gebäude, inspiriert von der japanischen Architektur, neueröffnet wurde. Es zeigt in wechselnden Ausstellungen moderne und zeitgenössische portugiesische Kunst, vor allem in Verbindung mit internationalen Kunstschaffenden zu länderübergreifenden Themen.

TIPP

Ehemalige Stierkampfarena Campo Pequeno. Von außen beeindruckend, innen Konzerthaus und Shoppingmall.

- Fundação Calouste Gulbenkian, Avenida de Berna 45, 1067-001 Lissabon gulbenkian.pt
- ÖPNV: Haltestelle Praça de Espanha, São Sebastião oder Praça Espanha/Avenida Berna

Stilvoll & farbenfroh

50 Keramik im Kilo kaufen

An der Tür dieses Geschäfts sollte stehen „Betreten auf eigene Gefahr". Denn nach einem Besuch hier wird der Koffer Übergepäck haben. Gut, ich habe gewarnt – jetzt heißt es genießen und (in Maßen) zuschlagen. Bei Cerâmicas na Linha können wir Geschirr made in Portugal auf die traditionelle Art kaufen: nach Gewicht und zu günstigen Preisen. Hier gibt es alles von Espresso-Tässchen bis zu großen Schalen und Tellern. Traditionell, robust, stilvoll. Dinge, die den Alltag schöner und feierlicher machen. Tassen ohne Henkel, Schüsseln mit Farbverlauf, schwarze Teller mit Goldrand.

Am Anfang wurden im Laden einzelne Marken und Reste von Geschirr-Kollektionen verkauft. Mittlerweile beliefern immer mehr einheimische Keramik-Fabriken das Geschäft. Es ist keine Billigware, sondern wirklich gute Qualität. Marken-Produkte wie von Bordallo Pinheiro oder Costa Nova gibt es nur zum Stückpreis. Diese teure Keramik, wie auch die Wirsingblatt-Teller, befindet sich im hinteren Teil des Ladens. Der Raum wirkt wie ein kleines Museum. Auch Azulejos gibt es hier zu kaufen. Es ist definitiv eine bessere Adresse, als sie am Straßenrand oder auf dem Flohmarkt zu erwerben, denn dort werden häufig Kacheln verkauft, die von Hauswänden geschlagen wurden. Aufgrund der Beliebtheit werden immer mehr Hauswände ihrer Kacheln beraubt.

TIPP
Im Geschäft und Atelier Cecile *M werden Keramik-Workshops angeboten.

Seit meinem ersten Besuch im Laden zieren meine Küche bunte Kacheln und eine selbst zusammengestellte Tassenkollektion. Ich freue mich jeden Tag darüber. Eine Tasse ist altrosafarben, hat keinen Henkel und liegt so schön in der Hand. Eine andere hat einen glänzend türkisen Farbverlauf, deren Anblick mich ans Meer erinnert. Die nächste ist hoch und weiß mit rosafarbenen Sprenkeln und eine weitere groß mit einem breiten Griff. Das portugiesische Geschirr ist Glück aus Keramik. Es lässt sich super kombinieren und ist immer ein Hingucker. Ob verschiedene Farben oder einfarbig und schlicht – es verleiht dem Esstisch eine lockere Atmosphäre und einen südlichen Touch.

- Cerâmicas na Linha, Rua Capelo 16, 1200-087 Lissabon
ceramicasnalinha.pt
- ÖPNV: Haltestelle Chiado oder Baixa-Chiado

Wunderbare Zirkuswelt

51 Zirkusschule, Sozialprojekt, Restaurant

Unterhalb der Mauern der Burg São Jorge steht ein Zirkuszelt. Es ist gelb-rot-lila gestreift und gehört zu der gemeinnützigen, nichtstaatlichen Organisation Chapitô. Sie setzt sich für benachteiligte Jugendliche ein und fördert sie im Bereich der darstellenden Künste: Chapitô ist eine Theater-, Tanz- und Zirkusschule. Zudem lernen die Jugendlichen hier, Events zu organisieren. In dem benachbarten Haus wohnen sie zusammen mit nationalen und internationalen Artisten.

Der Eingang zum Chapitô ist unauffällig, auch die Spitze des Zirkuszeltes ist von der Straße aus nicht zu sehen. Den Eingang bildet ein kleiner Souvenir-Laden. Es gibt Selbstgemachtes von Lissabonner Kunstschaffenden – tolle alternative Mitbringsel! Wir gehen durch die hintere Tür und steigen die Stufen hinunter. So kommen wir ins Restaurant oder besser: ins Zirkuszelt. Der Bereich hier unten ist recht weitläufig, was von oben nicht so zu sehen ist. Wer eine Zirkusvorführung ansehen möchte, benötigt dafür Tickets. Ansonsten kann man hier speisen oder kommt auf einen Drink vorbei. Das machen auch sehr viele wegen der einzigartigen Atmosphäre. Die Gerichte sind von der traditionellen portugiesischen Küche inspiriert. Manche Zirkusschülerinnen kellnern hier. Neben dem Restaurant unterm Zirkuszelt liegt die Bar Bartô, die auch zu Chapitô gehört. Hier wird Livemusik geboten, von Jazz bis typisch afrikanischen Rhythmen. Die Bar ist erst spätabends geöffnet, das Restaurant zum Mittagstisch und Abendessen. Dazwischen ist hier Unterricht. Tagsüber sind die Farben knalliger und besser für Fotos, abends ist die Stimmung festlicher durch die vielen Lichter. Zirkus ist Magie, Freude, Staunen. Zirkus ist laut, bunt, aufregend. Zirkus zaubert ein Lächeln aufs Gesicht, lässt den Alltag vergessen und in eine andere Welt eintauchen – all das bietet Chapitô. Wer noch einen Grund braucht, um diesen Ort zu besuchen: Die Aussicht ist eine der besten in Lissabon und der Alfama.

● Chapitô à Mesa, Costa do Castelo 7, 1149-079 Lissabon
chapito.org
● ÖPNV: Haltestelle Costa do Castelo

Mal die Seite wechseln

52 Mit der Fähre unterwegs

Von überall in Lissabon blicken wir auf den Tejo und die andere Flussseite. Warum also nicht hinfahren und uns dort umschauen? Eine Fährfahrt gehört zu den schönsten Kurzausflügen, ist abwechslungsreich, günstig und unkompliziert. Es gibt drei Fährhäfen in der Stadt, die meisten Verbindungen gehen vom Cais do Sodré ab. Von hier aus gelangt man nach Cacilhas, Seixal oder Montijo.
Wir nehmen die Fähre nach Cacilhas, sie braucht 8 Minuten. Cacilhas war einst das Zentrum des Schiffsbaus. Im kleinen Ortskern entlang der Rua Cândido dos Reis befinden sich viele Restaurants. Das Cova Funda ist hier schon seit mehr als fünf Jahrzehnten vertreten und hat viele Einheimische als Stammkunden. Der Fisch wird draußen zwischen Restaurant und Sitzplätzen unter freiem Himmel gegrillt. Wir spazieren weiter geradeaus über die Rua Elias Garcia und stoßen bald auf die Ruine der Burg von Almada. Das Gelände lässt sich nicht besichtigen, aber der umgebaute Burggarten ist heute ein Aussichtspunkt. Von hier aus gehen wir Treppen hinab und weiter bergab bis zum gläsernen Aufzug Elevador da Boca do Vento. Er führt uns mit Panoramablick kostenlos 50 Meter in die Tiefe – und wir stehen auf einer grünen Wiese direkt am Wasser, im Jardim do Rio. Von hier aus können wir auf Lissabon bei Sonnenuntergang blicken. Und sehen, wie schön es ist, einmal die Perspektive zu wechseln. Mit super Blick auf Lissabon und hinter uns die Brücke, gehen wir am Fluss entlang. Bald treffen wir auf zwei Restaurants, die direkt am Wasser liegen. Zuerst das beliebte Ponto Final mit Terrasse, kleinem Strand und großartigem Blick auf die beleuchtete Brücke. Dahinter das Atira-te ao Rio, von dessen Terrasse aus wir beobachten, wie gegenüber in Lissabon nach und nach die Lichter angehen.
Ebenfalls einen Besuch wert ist das Wahrzeichen von Almada: die Christus-Statue Cristo Rei. 1959 wurde sie errichtet, ihr Vorbild war die Statue in Rio de Janeiro. Dafür nehmen wir ab dem Fährhafen den Bus zur Sehenswürdigkeit. Portugiesische Bischöfe ließen die Statue errichten, da Portugal vom Zweiten Weltkrieg verschont blieb.

● Fährhafen Cais do Sodré, Rua da Cintura do Porto de Lisboa, 1249-249 Lissabon
ttsl.pt
● ÖPNV: Haltestelle Cais do Sodré

Wie viele bin ich?

53 Zu Gast bei Fernando Pessoa

Er ist einer der bekanntesten und bedeutendsten Schriftsteller Portugals – und in Lissabon allgegenwärtig. Ob in Form einer Statue vor dem von ihm viel frequentierten Café A Brasileira, in den Regalen der Buchläden oder als Scherenschnitt auf Hauswände gesprüht – überall ist Fernando Pessoa, der Autor mit Hut, Brille und Mantel. Sein Wohnhaus, in dem er seine letzten Lebensjahre von 1920 bis 1935 verbrachte, ist heute ein modern gestaltetes Museum. Die Ausstellung verteilt sich auf drei Stockwerke – das Museum ist barrierefrei –, wovon jedes einen eigenen Schwerpunkt hat.

Wir starten ganz oben mit dem Thema „Die Heteronyme". Als ich in den halbdunklen Raum trete und die Überschrift lese, muss ich schmunzeln. Dies war mein Hausarbeitsthema zum Abschluss meines Semesters in Lissabon – und der Schriftsteller machte es mir nicht einfach. Fernando Pessoas Literatur ist nicht leicht zu lesen, aber unbestritten genial. Für mich ist er eng mit Lissabon verwoben, und auch durch seinen Einfluss ist sie die poetischste Stadt, die ich kenne. 17 verschiedene fiktive Autoren erfand Pessoa, seine Heteronyme. Die vier wichtigsten werden in der Ausstellung ausführlich vorgestellt. Pessoa schuf für sie alle eine detaillierte fiktive Biografie, ein spezifisches Aussehen, gab ihnen einen völlig eigenen Schreibstil – und führte mit ihnen sogar Briefwechsel. Ein Stockwerk darunter befindet sich seine Privatbibliothek. Die Sammlung gilt als portugiesischer Nationalschatz, die meisten Bücher sind hinter Glas ausgestellt. Schließlich betreten wir eine Rekonstruktion der Wohnung des Schriftstellers mit Möbeln, Dokumenten und anderen Gegenständen, die ihm gehörten. Das Museum ermöglicht einen Einblick in das weitgehend zurückgezogene Leben des verschrobenen Autors und zeigt seine vielfältigen Interessen, Talente und scharfsinnigen Gedankengänge. Die klingen noch nach, wenn wir später in der Stadt nach Fernando Pessoas Spuren Ausschau halten.

TIPP

Die Dauerausstellung über den Literaturnobelpreisträger José Saramago im Casa dos Bicos.

● Casa Fernando Pessoa, Rua Coelho da Rocha 16–18, 1250-088 Lissabon
casafernandopessoa.pt
● ÖPNV: Haltestelle Rua Domingos Sequeira oder Jardim da Estrela

Party auf der Straße

54 Im Kneipenviertel Bairro Alto

Lissabon hat ein ganz besonderes Nachtleben: Viele Partys finden auf der Straße statt. Im Bairro Alto, der „Oberstadt", sind wohl die meisten Bars und Kneipen auf engstem Raum zu finden. Sie sind klein, günstig und meist etwas heruntergekommen. Aber drinnen ist ohnehin kaum jemand. Wir bestellen Bier, Caipirinha und Shots an der Theke und nehmen sie dann mit auf die schmalen Kopfsteinpflasterstraßen. Unter bunten Wimpeln und Girlanden tanzen wir mit Fremden, die schnell zu Freunden werden. Die Türen der Lokale stehen weit offen, die Musik dringt in die Nacht. Einige Bars bieten Livemusik, wie das Portas Largas in der Rua da Atalaia. Die Straße ist eine der beliebtesten, hier stehen wir zwischen den Hauswänden eng zusammengedrängt. Das Bairro Alto ist in verschiedene Bereiche unterteilt. Natürlich kann jeder überallhin, aber in einer bestimmten Ecke trifft sich die LGBTIQ+ Community, in einer anderen ist der Erasmus Corner, woanders sind viele Latinas anzutreffen, dort mehr Touristen, hier eher Einheimische. Um Mitternacht zwängt sich jeden Abend das Müllauto durch die Straßen, und alle müssen sich an die Hauswände quetschen. Auch tagsüber ist ein Besuch im Kneipenviertel interessant, aber erst ab mittags erwacht es. Jetzt hat es einen ganz anderen, aber nicht weniger besonderen Flair. In dem Viertel aus dem 16. Jahrhundert gibt es viele Antiquariate, hübsche Sträßchen und versteckte Plätze. Die Rua da Rosa und die Rua de O Século sind besonders sehenswert.

TIPP

Größere, modernere Bars und auch Clubs befinden sich in Santos, Intendente und an den Docas.

Abends starten wir am Praça Luís de Camões. Am Kiosk-Pavillon trinken wir Ginjinha. Dann beginnt der Aufstieg über eine der vom Platz hinaufführenden Straßen, zum Beispiel die Rua das Gáveas. Vorbei an Restaurants wie dem beliebten Cabaças. Ein Bier gibt's in der Tasca do Chico, einer traditionellen Fado-Kneipe, in der Rua Diário de Notícias. Ein weiter Aufstieg lohnt sich, denn der Aussichtspunkt São Pedro de Alcântara, am oberen Ende des Viertels, bietet bei Nacht einen tollen Blick auf die beleuchtete Stadt.

● Jardim de São Pedro de Alcântara, 1200-470 Lissabon
● ÖPNV: Haltestelle Elevador da Glória

Speisen im Tempel

55 Hindu-Tempel Radha Krishna

Wir sehen ihn schon hinter der hellen Mauer hervorlugen: den Hindu-Tempel Radha Krishna. Am kleinen Eingang führen Treppen hinauf, von denen aus wir einen Blick auf den Tempelgarten und die umliegenden Häuser des Viertels Telheiras haben. Und auf den Tempel aus rosafarbenem Marmor vor uns. Wir ziehen die Schuhe aus und gehen auf Socken über einen langen, dunkelroten und sehr weichen Teppichläufer. Rechts und links stehen weiße Plastikstuhlreihen mit dunkelroten Sitzkissen. Die Decke ist holzvertäfelt in geometrischen Formen. Die volle Aufmerksamkeit bekommt aber das, was abgesperrt, mit Gold verziert und hell angestrahlt ist: fünf Altäre mit neun Gottheiten. Zentral Radha Krishna.

Es ist Mittagszeit, der Priester kommt herein, verbeugt sich vor Krishna und gibt ihm Opfergaben vom Mittagessen. Das möchte ich jetzt auch zu mir nehmen. Dafür geht es unter den Tempel, sozusagen in den Keller. Hier zeigt sich erst, wie groß der Tempel ist. Seit dem Brexit ist es der größte Hindu-Tempel der EU. Unten befinden sich Büros, große Veranstaltungsräume und die Kantine. Darin gibt es keine Fenster, aber dafür ein großes Bild vom Taj Mahal. Und ein indisches vegetarisches Buffet. Um mich herum sitzen hauptsächlich Menschen, die im Stadtteil wohnen oder arbeiten. Ein Sprachgemisch aus Portugiesisch, Englisch und Hindi erfüllt den Raum. Das Buffet besteht heute aus Gemüsesuppe, Salat, Reis, Kichererbsencurry mit Tofu und gelbes Curry mit Kartoffeln und Bohnen. Dazu drei verschiedene Dips und das Fladenbrot Roti. Es gibt auch Getränke und Nachtisch.

Von Portugals gemeinsamer Vergangenheit mit Indien sei heute nur wenig zu spüren, sagen mir die Inder im Tempel. Dabei wachse die Hindu-Gemeinschaft. Das liegt an der liberalen Einwanderungspolitik und stellt Portugal auf eine Probe, denn viele der jüngst Zugewanderten leben zusammengepfercht in kleinen Wohnungen, arbeiten zu schlechten Konditionen und haben keinen Zugang zum Bildungs- oder Gesundheitssystem. Viele Organisationen, wie auch der Tempel, wollen ihnen helfen – und die Kultur im Land bekannter machen.

● Templo Radha Krishna, Alameda Mahatma Gandhi, 1600-500 Lissabon
comunidadehindu.org
● ÖPNV: Haltestelle Paço Lumiar

Im ältesten Buchladen der Welt

56 Buchhandlung Bertrand

Bücher sind mein wohl schönstes Laster. Das äußert sich so, dass ich keine Buchhandlung verlassen kann, ohne etwas gekauft zu haben. Und ich kann dort sehr viel Zeit verbringen, Romane anlesen, Autorinnen und Schriftsteller entdecken, Sondereditionen bewundern. Buchhandlungen sind für mich magische Orte voller Geschichten, die gefunden werden wollen. Vor allem wenn sie besonders einladend sind, mit Holzboden und schweren, dunklen Holzregalen vor weißen Bögen, die in den nächsten Raum voller Literatur führen. So wie in der Buchhandlung Bertrand, dem ältesten noch betriebenen Buchladen der Welt. Das ist seit 2011 auch offiziell bestätigt, da wurde der Laden ins Guinnessbuch der Rekorde aufgenommen.

Gegründet wurde das Geschäft 1732. Nach dem Erdbeben 1755 wurde es für 18 Jahre in die Kapelle Nossa Senhora das Necessidades verlegt, bis es wieder an seinen ursprünglichen Ort im Herzen Lissabons im Viertel Chiado kam. Die Buchhandlung Bertrand besteht aus sieben Räumen, die in unterschiedliche Genres unterteilt und nach portugiesischen Schriftstellerinnen und Schriftstellern benannt sind, wie nach dem Literaturnobelpreisträger José Saramago. Im letzten Raum ist das Café. Hier gibt es Heißgetränke, Säfte, herzhafte Snacks, Kuchen und Bücherregale mit Kochbüchern. In Portugal sind Bücher teurer als in Deutschland. Gerade besondere Buchläden wie Bertrand haben höhere Preise als kleinere Läden, Antiquariate oder Hypermärkte, die oft unter Buchhandelspreis verkaufen. Neben Bertrand haben sich in Lissabon nicht viele traditionsreiche Buchhandlungen gehalten. Buch-Antiquariate sind beispielsweise im Bairro Alto zu finden. Der Buchladen Bertrand ist ein Touristen-Hotspot, daher findet sich auch eine große Auswahl an Literatur in anderen Sprachen. Wer sein Herzensbuch gefunden hat, spaziert damit bis zum nächsten Platz und setzt sich mit einem Kaffee neben dem Kiosk-Pavillon zu den anderen Lesenden. Ganz nach portugiesischer Art.

- Livraria Bertrand, Rua Garrett 73–75, 1200-203 Lissabon
  bertrand.pt
- ÖPNV: Haltestelle Baixa-Chiado oder Chiado

Top Não Ficção
Top Ficção
JOSÉ RODRIGUES DOS SANTOS
O MÁGICO de Auschwitz
JOSÉ RODRIGUES DOS SANTOS
O MANUSCRITO de Birkenau
JOÃO TORDO
Felicidade

Wie wollen wir leben?

57 Das modernste Museum der Stadt

Das Museum für Kunst, Architektur und Technologie, besser bekannt unter der Abkürzung MAAT, zeigt seit 2016 zeitgenössische Kunst, ist einer der neuesten kulturellen Räume der Stadt und eines der modernsten Museen Portugals. Es befindet sich im Lissabonner Stadtteil Belém direkt am Ufer des Tejo. Das MAAT ist in drei Bereiche unterteilt – Kunst: Vorstellungskraft, Architektur: Wo leben wir?, Technologie: Was schaffen wir? Alle Ausstellungen drehen sich um diese drei Aspekte. In dem futuristischen weißen Gebäude des MAAT befinden sich auf 3000 Quadratmetern vier großzügige Räume, in denen wechselnde Ausstellungen und Veranstaltungen internationaler Kunstschaffender stattfinden. Die Räume bieten nicht nur viel Platz, sondern durch ihre Lage und ihre Architektur auch verschiedenste Möglichkeiten der Präsentation. So sind die zeitgenössischen Ausstellungen sehr multimedial mit Projektionen, Videos, Licht- und Soundinstallationen, Filmen und Robotern. Neben dem MAAT befindet sich das alte Lissabonner Elektrizitätswerk, heute ein Museum. Das Ticket gilt für beide Museen. Dieses große, alte Gebäude könnte von außen nicht gegensätzlicher zum MAAT sein und ist mit den leuchtend roten Backsteinen gleichzeitig genauso ein Blickfang. Es wurde in der ersten Hälfte des 20. Jahrhunderts gebaut und vereint viele Kunststile von Jugendstil bis Klassizismus. Bis 1975 war es in Betrieb, 1990 wurde es zum ersten Mal für Publikum geöffnet, aber erst seit 2006 ist es das Museum in der heutigen Form. Hier wird die Geschichte des Kraftwerks erzählt, das die Stadt viele Jahre lang mit Strom versorgte. Es wird aber nicht nur in die Vergangenheit geschaut, auch alternative Energien sind ein Thema. Das Gebäude mit seinen gut erhaltenen Maschinen ist besonders für Technik-Fans interessant.

Ein Highlight ist das Dach des MAAT. Es ist einer der besten Sonnenuntergangsspots Lissabons, denn von hier aus haben wir einen fantastischen Blick über den Tejo und können die Sonne im Wasser leuchtend rot untergehen sehen.

TIPP

Das Seefahrerdenkmal Padrão dos Descobrimentos hinter dem Elektrizitätsmuseum.

MAAT, Avenida Brasília, 1300-598 Lissabon
maat.pt
ÖPNV: Haltestelle Altinho (MAAT)

Multikulti ohne Touris

58 Das Viertel Arroios

Während meines ersten langen Lissabon-Aufenthalts habe ich in Arroios gewohnt. Ganz im Norden des großen Stadtteils, in einem Gebiet, das heute noch genauso aussieht wie vor über 10 Jahren. Drum herum hat sich aber einiges getan. Was geblieben ist: Arroios ist bis heute einer der multikulturellsten Stadtteile: japanische Tanzschule, indischer Friseursalon, polynesische Cocktailbar (Bora-Bora), brasilianische Mode, portugiesisches Handwerk – rund 40.000 Menschen aus 92 Ländern leben hier. Es herrscht eine gute Balance zwischen Tradition, Moderne und einer Verschmelzung der verschiedenen Kulturen.
Durch den Stadtteil zieht sich die breite Avenida Almirante Reis, die sogar einen Radweg hat. Das Viertel zwischen den U-Bahn-Stationen Alameda und Arroios hat keine großartigen Sehenswürdigkeiten. Wer aber eine andere Seite Lissabons kennenlernen möchte, ist hier genau richtig. Schön ist ein Besuch in der runden denkmalgeschützten Markthalle des Mercado de Arroios. Danach legen wir bei einem der außen an der Halle gelegenen Lokale einen Stopp ein: in dem orientalischen Restaurant Mezze, das nicht nur großartiges Essen bietet, sondern auch Geflüchtete ausbildet und integriert. Durch die großen Fenster können wir das Treiben des Viertels beobachten – noch nahezu touristenfrei. Die Markthalle wurde 1942 eingeweiht und später renoviert. In den umliegenden Straßen befinden sich weitere Lokale, wie das Annapurna, das nepalesische Speisen serviert. Es wurde 1997 eröffnet und war das erste Restaurant seiner Art in der Stadt, jedenfalls erzählen es so Einheimische. Ein großartiges Projekt ist A avó veio trabalhar (Oma kam zum Arbeiten): ein Kreativ-Atelier für Menschen über 55 Jahren mit gleichnamigem Shop. Die genähten, gehäkelten, getöpferten und bedruckten Produkte sind ganz modern. Auch Besucher dürfen zur Häkelnadel greifen und ausprobieren. Zurück auf die Avenida Almirante Reis und weiter Richtung Zentrum kommen wir zur ältesten Brauerei Lissabons, der Portugália Cervejaria. Hier beenden wir die Tour und gönnen uns an der Theke ein Bier vom Fass und eine Krokette mit Fleischfüllung.

- Mercado de Arroios, Rua Ângela Pinto 40 d, 1900-221 Lissabon
- ÖPNV: Haltestelle Alameda Dom Afonso Henriques, Arroios oder Alameda

MERCADO DE ARROIOS
HÁ TAPAS NO MERCADO!!

Textile Souvenirs

59

Aus traditionsreichen Stoffgeschäften

Es ist noch nicht lange her, da beherrschten die inhabergeführten Kleinhandelsgeschäfte die Lissabonner Innenstadt. Mittlerweile gibt es nicht mehr viele Krawatten-, Hut-, Schuh- oder Stoffgeschäfte. Vor allem für Näh-Fans wie mich sind Letztere ein Traum, gibt es hier doch ein ganz besonderes Souvenir: portugiesische Stoffe. Wer ein typisch portugiesisches Muster möchte, findet in einigen Läden Stoffe mit buntem Sardinen- oder Kachelprint. Wer selbst nähen kann, fertigt daraus Mitbringsel wie Stoff-Sardinen oder Kosmetiktäschchen. Ich bekam eine selbst genähte Kulturtasche mit Kachelprint von einer Freundin geschenkt, und schon der Anblick weckt meine Reiselust. Die meisten dieser Läden befinden sich auf der Rua Augusta oder der Rua da Conceição. Letztere hieß früher Rua dos Retroseiros, Straße der Kurzwarengeschäfte, denn sie war ausschließlich dem Handwerk und der Handarbeit gewidmet. Die heutigen noch bestehenden Läden sind Traditionsgeschäfte mit großen Schaufenstern, goldener Schnörkelschrift, schweren Holzregalen. Die meisten von ihnen sind als Lojas com História gekennzeichnet, Läden mit Geschichte. 2016 hat die Stadt Lissabon diese Initiative ins Leben gerufen, um historische Geschäfte zu schützen. Dazu gehören auch Feinkostläden, Apotheken, Buchläden, Cafés, Werkzeughandlungen und Gemischtwarenläden. Auf der Homepage sind sie alle einsehbar.

TIPP

Nahe der Universität gibt es Läden, die Aufnäher verkaufen. Gedacht für die Umhänge der Studierenden.

Direkt ins Auge fällt die Retrosaria Bijou. Der Kurzwarenladen wurde 1915 eröffnet und hat eine besondere Fassade: eine in Blautönen gehaltene Mischung aus Jugendstil und Rokoko. Innen stecken die alten Holzregale und schmalen Schubladen und Setzkästen voller besonderer Knöpfe, Wolle und Bänder in allen Farben, Verschlüsse und Aufnäher aller Art. Direkt gegenüber liegt das Stoffgeschäft Nardo, das bei seiner Gründung 1947 das erste für Konfektionshochzeitskleider in Lissabon war. Noch heute werden hier vor allem edle und hochwertige Stoffe wie Chiffon und Seidentaft angeboten.

- Retrosaria Bijou, Rua da Conceição 91, 1100-152 Lissabon lojascomhistoria.pt
- ÖPNV: Haltestelle Praça do Comércio

1
RETROZARIA BIJOU
9 1

Blau-weiße Kachel-Kunst

60

Ein Museum voller Fliesen

Überall in der Stadt sind sie zu sehen, an Hauswänden, an U-Bahn-Stationen und Palästen: die Azulejos, die portugiesischen Kacheln. Nirgendwo im Land gibt es so viele und auch so viele unterschiedliche wie in Lissabon. Aber woher kommt die Tradition, Häuser mit Kacheln zu verzieren? Was haben die Mauren, Flandern und China damit zu tun? Wie werden die Kacheln hergestellt?
Antworten auf diese und weitere Fragen finden wir im Nationalen Kachelmuseum. So viel möchte ich verraten: das Wort Azulejo stammt vom arabischen *al zulaique* ab, was mit „polierter Stein“ übersetzt werden kann. Im 14./15. Jahrhundert gelangte die Kachelmalerei nach Portugal, im 17. Jahrhundert entwickelte sich ein portugiesischer Stil. Dass gerade in Lissabon so viele Kacheln zu finden sind, hat mit dem Erdbeben von 1755 zu tun. Danach stieg die Anfrage rasant, und die Massenproduktion begann. Mehr dazu aber im Museum. Das liegt im ehemaligen Kloster Madre de Deus. Die dazugehörige Klosterkirche aus dem Jahr 1509 zeigt Darstellungen des alten Lissabons in einem aus vielen Kacheln zusammengesetzten Mosaik. Im ganzen Museum sind mehr als 300.000 kunstvolle historische Kacheln aus der ganzen Welt zu entdecken, mit dem Fokus auf Portugal; von der zweiten Hälfte des 15. Jahrhunderts bis heute. Viele wertvolle Exponate befinden sich darunter, am eindrucksvollsten ist außer der Kirche das 23 Meter lange Stadtbild Lissabons von 1700 aus blau-weißen Kacheln. Es zeigt sehr anschaulich, wie die Stadt vor dem Erdbeben von 1755 aussah, und befindet sich im obersten Stockwerk des Museu Nacional do Azulejo. Der Rundgang durch das Gebäude ist eine Reise durch die Zeit, durch verschiedene Länder und unterschiedliche Kunststile. Für eine Pause lohnt sich ein Besuch des Museumscafés, das im schönen Innenhof liegt. Hier können wir unter Palmen und Bananenstauden den Schildkröten im Teich zuschauen und uns die schönsten Kachel-Motive noch einmal in Erinnerung rufen.

TIPP

Die wohl schönsten Kachel-Hausfassaden: am Campo de Santa Clara und am Largo do Intendente.

● Museu Nacional do Azulejo, Rua da Madre de Deus 4, 1900-312 Lissabon
museunacionaldoazulejo.pt
● ÖPNV: Haltestelle Igreja Madre Deus

Speisen im Nirgendwo

61

Geheime Restaurants

Diese Orte existieren eigentlich nicht. Das sagt jedenfalls ihr Name: Aquele Lugar Que Não Existe – Dieser Ort, den es nicht gibt. Es gibt keine Fotos, keine Homepage, keine Speisekarte online, keinen Social-Media-Account, und dennoch sind sie bekannt. Anti-Marketing nennt man das wohl, und es funktioniert. Es gibt zwei Restaurants mit diesem gleichen Namen, die im Viertel Marvila genau gegenüberliegen. Eins hat den Zusatz „lá em cima", da oben. Dieses ist mittlerweile bei Google Maps zu finden.
Wir treten durch die unscheinbare Tür, die eher wirkt, als würde sie in eine der vielen Lagerhallen des Viertels führen. Weder hier noch im gegenüberliegenden Restaurant gibt es ein Schild, das darauf hinweist, dass man richtig ist. Man muss es wissen. Hinter dem Eingang führen Treppenstufen nach oben. Das Restaurant ist ein offener Saal mit extravaganter Deko: Schaufensterpuppen, Kronleuchter, Gerümpel oder Vintage-Objekte, Holzarbeiten. Als wäre ein verrückt-kreativer Hobbytischler am Werk gewesen. Von der Terrasse aus können wir über die Häuser schauen. Das andere Restaurant gegenüber ist größer, liegt aber im Erdgeschoss. Hier stehen Blumen, wackelige Holzmöbel und ein Sessel vor dem Eingang – es wirkt eher wie ein Vintage-Deko-Laden. In der Halle fordert auch hier die außergewöhnliche Dekoration die komplette Aufmerksamkeit. Von der Decke hängen an alten Seilen verschnürte Koffer und Stühle, in einem Klavier liegen Weinflaschen, alte Truhen, und Ventilatoren stehen herum. In beiden Lokalen ist Fotografieren strengstens verboten. Essen gibt es natürlich auch. Gute Pizzen mit exotischen und außergewöhnlichen Kombinationen wie Lachs, Wasabi-Erdnüssen und Frischkäse oder Hähnchen, Pilzen und Kokosmilch. Oder leckere indische Speisen wie Suppen, Naan-Brot, Curry. Bei meinem ersten Besuch fühlte ich mich richtig privilegiert, an diesem geheimen Ort speisen zu dürfen. Das Marketing funktioniert, aber wenn es glücklich macht, warum nicht.

● aQUELE lUGAR qUE nÃO eXISTE, Rua do Açúcar 76 a, 1950-051 Lissabon
● ÖPNV: Haltestelle Plácio da Mitra

Antiquitäten stöbern

62 Auf der Rua de São Bento

Wunderschöne alte Häuser rahmen die Straße, viele haben im Erdgeschoss große Schaufenster, und vor den hohen Holztüren ausgestellt stehen verschiedene Waren. Die Rua de São Bento, die genauso heißt wie das Viertel, in dem sie liegt, ist bekannt für ihre Antiquitätenläden. Sie ist nicht überlaufen, und man kann hier entspannt schlendern und stöbern. Antiquitäten aller Art werden angeboten: Möbel, Gemälde, Lampen, Schallplatten, Geschirr, Radios. Leider gibt es nicht mehr so viele Antiquitätenhandlungen wie früher, dafür sind schöne Cafés und gute Restaurants hinzugekommen, sodass man wirklich einen ganzen Tag auf der langen Straße zwischen der großen Verkehrskreuzung Rato und dem Parlament verbringen kann. Dieses befindet sich im Palácio São Bento, einem prachtvollen Gebäude mit beeindruckenden Säulen und einem breiten Treppenaufgang.

Bis es ein Regierungsgebäude wurde, war es unter anderem Kloster, Gefängnis und Militärakademie. Heute finden sich darin mehr als 4900 Kunstwerke und eine eindrucksvolle Bibliothek. Man kann es mit Führung besichtigen oder auch als Zuschauer bei Plenarsitzungen dabei sein. Hinter dem Parlament befindet sich der Regierungssitz von Portugals Premierminister, inklusive eines wunderschön angelegten Gartens, der sonntags für Besucher geöffnet ist. Was für ein Glück! Ein unbekanntes noch dazu. Selbst Lissabonner wissen kaum von diesem Glücksort. Weiter oben auf der Rua de São Bento steht das gelbe Wohnhaus von Amália Rodrigues, der größten Fado-Sängerin aller Zeiten. Eine Ausstellung über ihr Leben und einige der Kunstwerke, die sie im Laufe ihrer Karriere erhalten hat, kann man sich anschauen. Im zugehörigen Garten finden oft Fado-Konzerte unter freiem Himmel statt. Auch sonst ist er einen Besuch wert und ein echter Geheimtipp. Ganz in Ruhe und meist allein können wir hier unter Bäumen unseren Kaffee genießen. Die laute Straße hören wir nicht mehr. Wie schön: An der Rua de São Bento können wir gleichzeitig in die Vergangenheit eintauchen und die Lissabonner Gegenwart besser kennenlernen.

- Rua de São Bento, 1200-821 Lissabon
- ÖPNV: Haltestelle Rato

SAUDADES
PAGES CELEBRES
PAGES CELEBRES

Auf Brückenhöhe

63 Die Brücke 25 de Abril

Sie ist eine der größten Hängebrücken der Welt, wurde schon öfter zu einer der schönsten Brücken Europas gekürt und wirkt wie eine kleinere Version der berühmten Golden Gate Bridge. 1966 wurde sie eingeweiht und hieß damals noch Ponte Salazar, nach der Nelkenrevolution am 25. April 1974 wurde sie nach diesem Tag umbenannt. Die Brücke 25 de Abril verbindet Lissabon mit der Stadt Almada auf der gegenüberliegenden Seite des Tejo und dem Süden Portugals. Sie ist rund 2,3 Kilometer lang und liegt 70 Meter über dem Meeresspiegel; ihr höchster Punkt beträgt 190 Meter. Seit 1999 wird die Zugstrecke in der zweiten Etage befahren. Darüber passieren täglich rund 150.000 Autos die Brücke. Das ist immer ein Erlebnis! Besonders die Rückkehr, wenn man durch die roten Pylonen und Tragseile hindurch auf die Stadt zufährt. Wer kein Mietauto hat, kann das in einem der TST-Busse oder einem Zug aus dem Süden kommend erleben.

Ein anderes, ganz außergewöhnliches Erlebnis ist es, auf Fahrbahnhöhe zu stehen und das Geschehen auf der Brücke zu beobachten. Das ist möglich im Brückenmuseum Experiência Pilar 7. Es bietet den Besuchern einen multimedialen Erlebnisgang durch die Zeit des Baus und die Geschichte der Brücke. Eindrucksvoll sind die beiden großen Fenster im Treppenhaus, durch die man sieht, wie die Stahlseile der Brücke zusammenkommen. Dann geht es mit dem Aufzug auf eine Aussichtsplattform mit Glaswand, direkt neben dem 7. Pfeiler der Brücke. Leider ist das Glas schon sehr verkratzt. Die Plattform befindet sich neben der Fahrbahn, und es ist ohrenbetäubend laut. Brrrrummm zzzzummm... Schon auf der Promenade unter der Brücke und auch in den nahe liegenden Vierteln hört man die Autos. Es ist deshalb so laut, weil nur die beiden äußeren von sechs Fahrspuren asphaltiert sind, die mittleren bestehen aus Gitterrosten, und man kann bis aufs Wasser gucken. Auf der Plattform stehen wir direkt neben den vorbeirauschenden Autos. Ein kleiner Teil ist komplett aus Glas, hier können wir bis zur Promenade runterschauen.

TIPP
Ein Spaziergang durch das industrielle und aufstrebende Viertel Alcântara.

- Experiência Pilar 7, Avenida da Índia, 1300-472 Lissabon
- ÖPNV: Haltestelle Rua da Junqueira

Verstecktes Gartenparadies

64 Palast Fronteira

Hier kommt niemand zufällig vorbei, liegt das monumentale Juwel doch außerhalb der Touristenpfade im Stadtteil Benfica, direkt am Monsanto-Waldpark. Rot-weiß strahlt er gegen den blauen Himmel. Beeindruckend, schon von der Straße aus. Der Palast der Marktgrafen von Fronteira und Alorna gilt als bedeutendstes Beispiel der portugiesischen Renaissance-Architektur und ist einer von wenigen Palästen, die das Erdbeben von 1755 unbeschadet überstanden haben. Ein Teil ist für Besucher geöffnet, aber nur mit Führung. Diese erzählt von der Geschichte der Familie und damit von der Geschichte Portugals, hebt die dekorativen Künste hervor. Wir sehen Perserteppiche, indo-portugiesische Möbel und Stuckarbeiten. Fotografieren ist allerdings untersagt. Der andere Teil des Palastes ist noch bewohnt: von den Nachfahren von João de Mascarenhas, der dieses Anwesen zwischen 1650 und 1675 erbauen ließ.

TIPP

Der Palast bietet sich gut als Ausgangspunkt für eine Wanderung im Monsanto-Wald an.

Im Garten können wir uns frei bewegen – und auch fotografieren. Der romantische Garten mit den vielen Azulejos aus Portugal, den Niederlanden und Spanien ist ohnehin das, was mich und die meisten Besucher lockt. Auf der Terrasse sind in Kacheltableaus die sieben freien Künste dargestellt sowie Affen, die sich über den Adel lustig machen. Dazwischen stehen weiße Statuen griechischer Gottheiten. Von hier gelangen wir in die Kapelle, die mit Muscheln verziert ist. Beeindruckend ist auch die Königsgalerie aus dem 17. Jahrhundert am südlichen Ende des Gartens oberhalb eines rechteckig angelegten Teichs mit schwarzen Schwänen. Auf der Galerie gehen wir vorbei an kunstvollen Büsten aller portugiesischer Könige, hier haben wir einen großartigen Blick auf den rot-weiß leuchtenden Palast und den im italienischen Stil angelegten unteren Garten. Die 8 Hektar sind von Mauern umgeben, um die Privatsphäre zu wahren und zu kühlen. Es gibt hinten raus auch einen Gemüsegarten und einen kleinen Wald. Zum Abschluss setzen wir uns auf die zweite Terrasse vor die riesigen Buchsbaumbeete in die weißen verschnörkelten Gartenstühle.

● Palácio dos Marqueses de Fronteira, Largo São Domingos de Benfica 1, 1500-554 Lissabon, fronteira-alorna.pt/en/fronteira-palace
● ÖPNV: Haltestelle Palácio Marquês Fronteira

Portugiesische Tapas

65

Restaurant Casa da Índia

Wer die traditionelle portugiesische Esskultur kennenlernen möchte, sollte in eine *tasca* gehen, eine der vielen Tavernen. Sie bestehen meist aus einem einzigen Raum mit Holztischen und -stühlen, Papiertischdecken, Fliesen an den Wänden und Gerichten zum Teilen. Denn hier isst nicht jeder für sich allein, sondern man bestellt zusammen, am besten eine Auswahl verschiedener Spezialitäten, die in Schalen aufgetragen werden. Dazu gibt es Brot zum Dippen. In den Tavernen ist es eng, laut, und das Essen ist hervorragend.
Eines dieser Lokale ist das Casa da Índia, das nach einer portugiesischen Handelsorganisation benannt ist, die den Gewürzhandel schützen und die damaligen Kolonien verwalten sollte. Das Restaurant ist sowohl bei Einheimischen als auch bei Touristen beliebt, man muss mit längeren Wartezeiten rechnen. Dabei kann man durch eine Glasscheibe von der Straße aus beobachten, wie die Spezialität des Hauses zubereitet wird: Brathähnchen. Es gibt aber auch gegrillten Fisch oder Tapas. Das portugiesische Wort für Tapas ist *petiscos*. Jede Taverne hat sie. Dazu ein Bier vom Fass oder ein Wein aus dem Alentejo oder Douro-Tal, und es wird ein guter und typisch portugiesischer Abend. *Petiscos* ist zum Beispiel Tintenfischsalat, besonders im Sommer beliebt. Der Oktopus wird in Weißwein gekocht, mit Zwiebeln, Petersilie und Essig abgeschmeckt. Genauso populär sind Venusmuscheln mit Knoblauch in Weißwein und Olivenöl gekocht, mit Petersilie, Koriander, Butter und Zitrone abgeschmeckt. Oder eine Platte mit Garnelen von der portugiesischen Küste oder das scharf angebratene und in kleine Würfel geschnittene Rindfleisch, Pica Pau. Und natürlich gebratene kleine Fische oder die vegetarische Variante: „Fische vom Feld", Peixinhos da Horta, frittierte Stangenbohnen. Während ich diese Zeilen schreibe, habe ich den Geruch der Mittelmeerküche in der Nase, und mir läuft das Wasser im Mund zusammen. Den Feierabend verbringe ich heute definitiv in einer *tasca*.

TIPP

Die Taberna Portuguesa weiter die Straße runter. Kleines Restaurant mit guter Auswahl an petiscos, auch vegetarische.

● Casa da Índia, Rua do Loreto 49–51, 1200-471 Lissabon
restaurantecasadaindia.eatbu.com
● ÖPNV: Haltestelle Calhariz (Bica)

Von shabby zu trendy

66 Die Viertel Intendente und Anjos

Am beliebten Meeresfrüchte-Restaurant Ramiro beginnt das Viertel Intendente. Früher war es eine No-go-Area, die Straßen wurden von Prostitution, Drogenhandel und Kriminalität beherrscht. Das hat sich stark geändert. Heute ist es sehr beliebt, genauso wie das benachbarte Viertel Anjos rund um die gleichnamigen Metro-Stationen. Viele Häuser wurden renoviert, immer mehr Kunstschaffende zog es hierher. Heute sind die Viertel nicht schick, aber angesagt – gerade, weil ihr alter Charme geblieben ist, sie nicht komplett auf Hochglanz poliert wurden, aber sicher sind. Der populärste Platz ist der Largo do Intendente mit seinen kleinen Cafés und Bars. Am und um den Platz befinden sich einige der schönsten gekachelten Hausfassaden und zeugen davon, dass hier eine der wichtigsten Fabriken für portugiesische Azulejos war: die Fábrica Viúva Lamego. Es lohnt sich, auch um die Ecke zu gehen und die andere Hausseite zu betrachten. Abends sollte man im Kulturzentrum Casa Independente vorbeischauen. Hier ist immer etwas los – Konzerte, Ausstellungen, legendäre Partys – und das Haus selbst mit Innenhof ist sehenswert.

Hinter dem Platz befindet sich in einer Seitenstraße das sehr gute vegane Restaurant O Gambuzino. Weiter geradeaus geht's nach Anjos. Wir treffen in der Rua Palmira auf das Fliesengeschäft Cortiço e Netos. Fein säuberlich sind alle Kacheln hier in Regalen geordnet, was den hellen Laden wie eine Fliesenbibliothek wirken lässt. Die Enkel von Senhor Cortiço haben einen der größten Kachelbestände der Stadt geerbt und verkaufen ihn nun. Ein Stück weiter, rund um die Kirche von Anjos, gibt es viele Vintage- und Secondhandläden sowie tolle Cafés und Bars. Ein Stück weiter nordöstlich befindet sich der Aussichtspunkt Miradouro do Monte Agudo. Er ist ein absoluter Geheimtipp und nicht leicht zu finden. Wir müssen durch ein großes Tor gehen, und es wirkt, als würden wir Privatgelände betreten. Der Weg macht eine Kurve und endet vor einer Pergola, unter der mit Kacheln verzierte Steinbänke stehen. Ein kleines Café bietet Snacks an.

- Largo do Intendente, 1100-285 Lissabon
- ÖPNV: Haltestelle Rua Palma

FABRICA
DE
LOIÇA
DE
ANTONIO
DO
COSTA
LAMEGO
24
A VIDA
PORTUGUESA

Der Duft von Brot

67 Bäckerei Gleba

Cafés und Konditoreien gibt es in Lissabon an jeder Ecke. Und das ist eher noch untertrieben. Der Morgenkaffee wird meist an der Theke in der Konditorei oder an einem der Kiosk-Pavillons getrunken, und auch für die nachmittägliche Pause verlassen die Portugiesen ihre Wohnung oder das Büro. Man trifft sich lieber in Lokalen oder Parks als zu Hause. Cafés sind gut zum Verweilen, in den Konditoreien gibt es die besten süßen Teilchen. Aber was ist eigentlich mit Brot?
In Portugal gibt es auf dem Land sehr gutes Brot, aber in Lissabon kaum noch Bäckereien, die selbst Brot backen. In den Konditoreien wird zwar auch Brot verkauft, aber spezialisiert sind sie auf Süßes. Dabei ist eine frische Scheibe Brot zum Frühstück oder am Abend schon etwas Gutes. Und, ja, typisch deutsch. Aber Bäckereien werden auch hier vermisst, und so wurden in den letzten Jahren glücklicherweise wieder mehr eröffnet. Eine davon ist Gleba, die vor wenigen Jahren eröffnet wurde und mittlerweile viele Filialen in der Stadt hat. Hier wird Brot gebacken wie früher: Das Getreide wird in einer Steinmühle gemahlen, hinzu kommt wilde Hefe statt Industriehefe. In Weidenkörben gärt der Teig. So soll das Brot viel bekömmlicher sein. Das Getreide liefern Kleinbauern aus den Regionen Trás-os-Montes, Alentejo und Ribatejo, die nachhaltige Landwirtschaft betreiben. Das macht das Brot teurer als in anderen Bäckereien. Bei Gleba gibt es viele verschiedene Brotsorten, zum Beispiel aus grünem Roggen, Johannisbrotkernmehl, mit Maismehl, mit Nüssen und Feigen, mit Oliven und Tomaten. Auch süße Brioche-Brötchen und hauseigene Haselnuss- und Pistaziencreme werden angeboten. Die Brotlaibe gibt es in verschiedenen Größen, von klein bis riesengroß. Manche Bäckereien, wie die in Alcântara, haben auch eine Terrasse. Gleba bietet portugiesisches Qualitätsbrot, wie es früher im ganzen Land zu bekommen war – und heute vor allem in kleineren Orten. Einatmen, reinbeißen, Augen schließen und genießen.

TIPP

Die populärste Bäckerei ist die Padaria Portuguesa. Auch hier gibt's gute Brote, Sandwiches und süße Teilchen.

● Gleba, Rua Maria Pia 2–4, 1350-208 Lissabon
mygleba.com
● ÖPNV: Haltestelle Alcântara

Brioche
Clássico
0,65€
Pão de Leite
0,52€

Abkühlung unter Palmen

68

Ruheoase Botanischer Garten

Ein Besuch im Botanischen Garten von Lissabon bedeutet, flanieren durch die Palmenallee, an Bananenstauden entlang, vorbei an Riesenkakteen und Monstera, an Hibiskusblüten und seltenen Kräutern schnuppern. Und in Deckung gehen vor den 10 Kilogramm schweren Zapfen des australischen Bunya-Bunya-Baums. Aber keine Sorge, sie fallen nur sehr selten herunter. Gerade im heißen Lissabonner Sommer ist der Botanische Garten ein wunderbarer Ort. Eine kühle Ruheoase mitten in der Stadt, im schönen Viertel Príncipe Real. Dieser Botanische Garten gehört zu den bedeutendsten seiner Art in Europa und ist seit 2010 portugiesisches Nationaldenkmal. Im Jahr 1878 wurde er neben der ehemaligen Eliteschule Colégio dos Nobres gegründet. Heute gehört er zu der Naturwissenschaftlichen Fakultät der Universität von Lissabon. Bereits vor seiner Gründung wurde das Gelände von Jesuiten für das Studium der Botanik genutzt. Er beheimatet rund 1500 Pflanzenarten aus allen Regionen der Welt, viele davon echte Raritäten.

Der Park ist in zwei Bereiche unterteilt, die Temperatur zwischen dem oberen und unteren Teil kann um 2 bis 3 Grad abweichen. Daher wachsen oben Arten, die heißes und trockenes Klima bevorzugen, und unten diejenigen, die mehr Feuchtigkeit benötigen. Die beste Besuchszeit ist der späte Frühling, dann bekommt das satte Grün viele hübsche Farbtupfer. Das ganze Jahr sind hier Vogelgezwitscher und das Rauschen der Palmwedel und Blätter im Wind zu hören, obwohl der Garten von Straßen eingerahmt ist und die portugiesischen Autofahrer oft die Hupe benutzen. Hinter den dicken Mauern und zwischen Büschen und Bäumen ist es erstaunlich ruhig. So verbringen viele Lissabonner hier gern ihre Mittagspause oder den Feierabend mit einem Snack und einem Buch auf den Bänken im Schatten der hohen Bäume. Der Park ist mit seinen 4 Hektar so groß, dass sich die Besucherinnen auf den vielen breiten und schmalen Wegen gut verteilen und jeder für sich immer ein entspanntes Plätzchen zwischen exotischen Pflanzen findet.

TIPP

Das an den Botanischen Garten angeschlossene Nationalmuseum für Naturgeschichte und Wissenschaft.

- Jardim Botânico, Rua da Escola Politécnica 54, 1250-102 Lissabon
museus.ulisboa.pt
- ÖPNV: Haltestelle Rua da Escola Politécnica, Rato oder Aveni

Schatz aus 1001 Nacht

69 Casa do Alentejo

Unscheinbar liegt es mitten im geschäftigen Zentrum der Stadt hinter der weißen Hausfassade eines portugiesischen Herrenhauses aus dem 17. Jahrhundert. Von außen ist nicht zu erahnen, welcher Schatz einen innen erwartet. Wer hineinmöchte, muss die hohe dunkelgrüne Holzeingangstür aufdrücken. Breite Stufen führen zu einem weiteren Eingang, und plötzlich stehen wir in einem arabischen Innenhof. Er könnte zu einem marokkanischen Riad, einem traditionellen Haus oder Palast, gehören. In der Mitte steht ein Springbrunnen, drum herum Palmen, der Boden ist mit Mosaiken gefliest und die Galerie um das Atrium von orientalischen Bögen eingerahmt. Breite Holztreppen führen in Salons, in denen einst reiche Kaufleute speisten. Prunkvolle Säle mit Kronleuchtern und goldener Wandverzierung, andere mit alten Kacheln ausgekleidet. In einem stehen ein Billardtisch und Dekorationen aus einem Casino, die Badezimmer wirken wie aus einem Opernhaus. Das Gebäude gehörte den Burggrafen von Alverca.

Anfang des 20. Jahrhunderts vermieteten sie es an eine Firma, die einen Teil des Hauses in das erste Casino Lissabons umbaute und dabei viele Stilrichtungen der vergangenen Jahrhunderte mischte. Seit 1939 ist es die Casa do Alentejo, bietet Menschen aus dieser Region eine Anlaufstelle und ist ein Ort der Kulturvermittlung. Viele Veranstaltungen finden hier statt. Der Alentejo ist Portugals größte Region und gehört zu den artenreichsten Gebieten Europas. Hier wird viel Landwirtschaft betrieben, hier wachsen Korkeichen und Olivenbäume, hier weiden Rinder und Schweine. Das Essen des Alentejo ist in ganz Portugal beliebt. Das Restaurant im oberen Stock bietet traditionelle Speisen aus der Region an, wie das Fleisch der schwarzen Alentejo-Schweine mit Muscheln. Oder Migas, ein Bauern- und Hirtengericht mit Brot und Schweinefleisch. Im Erdgeschoss befindet sich eine kleine Taverne mit Innenhof. Hier gibt es zu Alentejo-Wein typische Kleinigkeiten, wie das berühmte Landbrot, Käse und Wurst, Oliven und Muscheln. Sehr lecker!

● Casa do Alentejo, Rua das Portas de Santo Antão 58, 1150-268 Lissabon
casadoalentejo.pt
● ÖPNV: Haltestelle Restauradores

Fuchs, Panda & Co aus Müll

70

Streetart von Bordalo II

Lissabon ist eine Stadt voller Kunst. Einerseits historischer Kunst wie die Kacheln an den Hauswänden, das schwarz-weiße Straßenpflaster, die kunstvoll-prächtigen Gebäude – andererseits ist überall moderne Streetart zu finden. Ich liebe es, zufällig den Werken von nationalen und internationalen Kunstschaffenden zu begegnen, wie Bansky, Vhils, Wasted Rita, Utopia oder Shepard Fairy. Wenn ich um eine Ecke biege und plötzlich auf eine bunt verzierte Wand blicke, strahle ich vor Freude über Farbe, Kreativität und Zufall. In meinem Handy bewahre ich in einem Ordner die Streetart-Fotos auf, denn manche Werke bleiben nur ein paar Monate. Andere hingegen halten sich jahrelang und gehören schon zum Stadtbild. Wie die des portugiesischen Streetart-Künstlers Bordalo II, die zuerst Lissabon und danach die ganze Welt erobert haben.

TIPP
Es werden auch Streetart-Touren angeboten.

Bordalo II hat sich nach seinem Großvater benannt, der Maler war und durch den er den Zugang zur Kunst fand. Sein Kunststudium schloss er nicht ab, es ermöglichte ihm aber, mit verschiedenen Materialien und Techniken zu experimentieren und seinen eigenen Stil zu entwickeln. Bordalo II schafft Kunst aus Müll mit einer Botschaft. Er möchte mit seinen Werken auf unsere Wegwerfgesellschaft und deren Folgen aufmerksam machen. Gemäß seinem Motto „Mancher Menschen Müll ist der Reichtum anderer" kreiert er aus Plastikstühlen, Wellblech, Autoteilen, Dosen, Verkehrskegeln und Farbe gigantische Murals und Skulpturen. International bekannt ist er für seine riesigen „Müll-Tiere", wie den Fuchs in der Nähe des Mercado da Ribeira. Es ist schöner, die Kunstwerke zufällig zu entdecken, da die Überraschung dann größer ist. Wer aber unbedingt ein paar finden möchte, dem gebe ich nun Tipps: Ein Panda befindet sich neben dem CCB in Belém, zwei Pelikane am Aufzug Santa Justa, Fische an der Avenida da Ceuta in Alcântara und ein Iberischer Luchs, der auf das vom Aussterben bedrohte Tier aufmerksam machen soll, im Parque das Nações. Viel Freude beim Entdecken!

- Fuchs von Bordalo II, Avenida 24 de Julho 28, 1200-225 Lissabon
  bordaloii.com
- ÖPNV: Haltestelle Conde Barão – Avenida 24 de Julho

Pfirsiche & Maronen

71

Vom Straßenstand

In Portugal wird viel auf dem Markt eingekauft. Weil es günstig ist, weil man dort seine Bekannten und Nachbarinnen trifft und weil die Qualität richtig gut ist. Das ist sie nicht nur in einer der vielen Markthallen, sondern auch am Straßenrand. Von Frühling bis Herbst wird hier frisches Obst angeboten: Pfirsiche, Äpfel, Trauben, Kirschen, Pflaumen. Hauptsächlich wird es von älteren Damen verkauft, die mit Schürze und Haube den ganzen Tag an den Ständen stehen. Gelegentlich ist auch der Ehemann dabei. Manche verkaufen die Früchte nur nach Gewicht, hier muss man auf die selbst beschriebenen Pappschilder achten, sonst schleppt man kurz danach kiloweise Nektarinen durch die Stadt. Es gibt aber auch Marktfrauen, die einzelne Früchte oder kleine Portionen verkaufen. Diese sind die ideale Begleitung für einen Strandtag oder einen Stadtspaziergang, gerade im Sommer. Das Obst kommt meist aus der landwirtschaftlich geprägten Region Alentejo, südlich von Lissabon. Viele der Verkäufer sind oder waren früher Bäuerinnen oder Landarbeiter.

Wo in den warmen Monaten Früchte angeboten werden, sind im Winter schon von Weitem die Rauchschwaden zu sehen. An Bahnhöfen und Metro-Stationen, an belebten Kreuzungen, Plätzen und in Einkaufsstraßen. Der Qualm weist darauf hin, dass sich hinter der nächsten Ecke ein Maroni-Stand befindet – und wie das duftet! Die ganze Stadt ist davon eingehüllt. Die mobilen Stände sind rechteckige Wagen mit einer Art Haube. Darunter liegen die Kastanien auf der heißen Asche des Holzkohlegrills. Die Haube sorgt dafür, dass der kalte Wind diese nicht verweht. Dadurch, dass sie in der Asche rösten, sind die Maronen ganz grau eingestaubt, wenn sie in die Papiertüte oder ein Stück Zeitungspapier gegeben und dem Käufer überreicht werden. Achtung, sehr heiß! Sie sind saftig und schmecken süßlich. Weniger wie eine Nuss, eher wie eine Trockenfrucht. Wer Maronen mag, wird die Lissabonner Version lieben.

- Maroni-Stand, Rua Augusta/Ecke Rua Santa Justa, 1150-060 Lissabon
- ÖPNV: Haltestelle Praça da Figueira oder Rossio

CASTANHAS
2,50€ UMA
CASTANHAS

Vor eleganten Ruinen

72

Der Largo do Carmo

Strahlend weiß und grazil ragen die Säulen des Convento do Carmo in den Himmel. Die Ruinen sind von vielen Orten in der Stadt zu sehen, und nicht wenige wundern sich: Warum hat die Kirche kein Dach? 1389 begannen die Bauarbeiten dieses Klosters im gotischen Stil. Das Erdbeben von 1755 zerstörte den Großteil der Kirche und des Klosters. Sie wurden nie wieder ganz aufgebaut und sind heute eine der wenigen verbliebenen gut sichtbaren Spuren des Bebens. Besonders an sonnigen Tagen ist ein Spaziergang durch das dachlose Kirchenschiff eindrucksvoll: Der blaue Himmel passt so gut zu den weißen Steinbögen, auf dem Boden zwischen den Säulen wächst Gras. Unglaublich: Obwohl es kein Dach gibt, ist es hier ruhig.

Lieber als in den Ruinen bin ich aber davor, auf dem hübschen kleinen Platz Largo do Carmo, der mit Bars, Restaurants, zwei Kirchen und Bänken unter Jacarandá-Bäumen zum Verweilen einlädt. In der Mitte befindet sich einer der ältesten Brunnen der Stadt. Er wurde kurz nach dem Erdbeben gebaut, 1789, und vom Aquädukt gespeist. Der Platz ist wunderhübsch und voller Geschichte. Hier befindet sich der Palácio Valadares aus dem 18. Jahrhundert, wo die Universität von Lissabon entstanden ist. Direkt dahinter ist die Bergstation des berühmten Aufzugs Santa Justa, dessen Plattform einen tollen Blick auf die Einkaufsstraßen und die Burg São Jorge bietet. Da der Aufzug immer überfüllt ist, würde ich nicht damit fahren, sondern die Treppen nehmen. Der Weg ist nicht weit. In ganz Portugal ist dieser Platz bekannt, weil hier die Geschichte des Landes verändert wurde: Die über 40 Jahre andauernde Diktatur fand ein Ende, die am längsten währende Diktatur Westeuropas. Am 25. April 1974 verschanzte sich der Diktator Marcello Caetano in der Kaserne am Largo do Carmo. Aufständische Militärs und viele Einheimische umzingelten das Gebäude. Nach mehrstündigen Verhandlungen kapitulierte Caetano, nach einer friedlichen Revolution.

- Largo do Carmo, 1200-203 Lissabon
- ÖPNV: Haltestelle Praça Luís de Camões

Carmo
LEITARIA ACADEMICA

Ein Abend in Brasilien

73

Restaurant Boteco Dona Luzia

Wenn ich lange nicht in Brasilien war, habe ich große Sehnsucht nach brasilianischem Essen, vor allem nach den traditionellen Bohnen mit Reis, die in vielen Familien zur täglichen Mahlzeit gehören. Was für ein Glück, dass es in Lissabon so viele brasilianische Restaurants gibt, denn schon beim Geruch und Anblick der Speisen schlägt mein Herz höher und ich fühle mich für die Dauer des Essens über den Atlantik versetzt. Mein brasilianisches Lieblingsrestaurant in Lissabon ist das Boteco Dona Luzia. Hier kommt zu Geruch und Geschmack noch eine weitere Komponente: brasilianische Musik, live. Allerdings ruhen für die Zeit der musikalischen Darbietung die Gespräche, denn sonst müssten wir uns anschreien. Brasilianische Lebensfreude gibt es nicht in Leise. Mitsingen und im Rhythmus mitwippen sind aber unbedingt erwünscht.

Dona Luzia ist die Köchin und Mutter von einem der Besitzer – und katapultiert die Gäste mit ihren Gerichten direkt auf die andere Seite des Atlantiks. Alle Klassiker der brasilianischen Küche werden hier serviert, immer begleitet von der Freundlichkeit und guten Laune des Personals, für die die Menschen aus Brasilien so berühmt sind. Es gibt gefüllte Maniok-Teigtaschen, Tapiokawürfel, gebratene Rippchen, Spieße mit Coalho-Käse und Speck, Moqueca mit Garnelen und natürlich Picanha. Allein das Wort lässt vielen Brasilianern und Kennern der brasilianischen Küche das Wasser im Mund zusammenlaufen – sollten sie keine Vegetarier oder Veganer sein. Es ist ein in Brasilien sehr beliebtes Rindfleischstück, gegrillt, danach in hauchdünne Scheibchen geschnitten und gesalzen. Gereicht werden hier dazu Vinaigrette, schwarze Bohnen mit Reis und Maniokmehl. Bei all dem Fleisch gibt es aber auch vegetarische Gerichte.

Viele Brasilianer und Portugiesinnen kommen hierhin, auch gern mit der ganzen Familie oder dem Freundeskreis. Daher kann es auch in den Musikerpausen laut sein, die temperamentvollen Gespräche und die herzhaften Lacher sorgen für gute Laune. Nach dem Essen rundet ein Caipirinha den Abend ab.

- Boteco Dona Luzia, Avenida 5 de Outubro 36 d, 1050-053 Lissabon
botecodonaluzia.pt
- ÖPNV: Haltestelle Saldanha

Portugiesisches Design

74 Im Viertel Santos

Design District wird Santos auch manchmal genannt, da hier viele Ateliers sind sowie zahlreiche Geschäfte, in denen die modernen Produkte angeboten werden. So wurde das Viertel beliebt in Lissabon. Gleichzeitig lockt das rege Nachtleben heute die meisten Menschen an. Hier befinden sich viele gute Bars und beliebte Clubs. Dazwischen Ateliers, Galerien, Pop-up-Stores. Das Leben ist schön hier, bunt und lebendig. An der Kirche Santos-O-Velho findet am Wochenende oft ein Handwerkskunstmarkt statt. In der Rua Poiais de São Bento, zwischen den Vierteln Bairro Alto und Santos/São Bento, haben einige Geschäfte neu eröffnet: Ein winziger Laden reiht sich an den nächsten, alle bieten Einzigartiges und haben am Wochenende länger auf. Ideal für eine Shoppingtour. Aber Achtung vor der Straßenbahn 28, die rauscht nämlich durch die schmale Straße.
Die Verkaufsartikel werden entweder von den Besitzern selbst hergestellt oder von lokalen Kunstschaffenden. Wie bei Kintu Studio. Die Gründerinnen Rita und Sylvia begannen damit, die Produkte portugiesischer Designer online zu vertreiben und so den Künstlerinnen auf ihrer Seite eine Plattform zu bieten. Nun präsentieren sie nachhaltig Hergestelltes von 27 verschiedenen Designern auch in ihrem Pop-up-Store. Denn portugiesisches Design brauche mehr Aufmerksamkeit, so ihre Meinung. Ein Stück weiter die Straße runter befindet sich die Kunstgalerie Apaixonarte. Hier werden junge aufstrebende Künstlerinnen aus ganz Portugal ausgestellt. Drucke, Fotografien, plastische Werke aus Keramik, Pappe, Holz. Der hintere Raum wird wechselnd einem Künstler gewidmet. Direkt neben der Galerie befindet sich das Schmuckgeschäft Hoiko. Nadia Vieira verkauft hier ihre selbst designten Ohrringe, Armreifen, Ketten und Ringe aus Metall, die in einer kleinen Werkstatt angefertigt werden. Die Materialien und Techniken sind traditionell portugiesisch, der Schmuck elegant und modern. Viel Erfolg auf der Suche nach dem persönlichen Glücklichmacher.

● Rua Poiais de São Bento, 1200-349 Lissabon
● ÖPNV: Haltestelle Poiais de São Bento oder Calçada Combro

Schwarz-weiße Mosaike

75 Das portugiesische Straßenpflaster

Portugal wäre nicht dasselbe ohne sein Straßenpflaster. In allen Städten können wir die schwarz-weißen Mosaike aus Kalkstein bewundern. Lissabon ist da keine Ausnahme, mehr noch: Diese Straßenkunst ist hier entstanden: Fische, Anker, Segelboote, Blumen, Ornamente oder einfach nur weiße Steine zieren die Wege und Plätze und machen sie so einzigartig. Diese hellen Pflastersteine, die auf den Bürgersteigen verlegt sind, lassen Lissabon immer freundlich wirken. Aber das wunderschöne Pflaster hat auch Tücken! Bei Regen verwandeln sich die glatten Steine in eine gefährliche Rutschbahn. Nicht selten sind Steine lose oder ganz verschwunden, sodass Löcher entstehen. Daher werden auch immer mehr gepflasterte Bürgersteige durch sichereres Pflaster ersetzt. Natürlich nicht die kunstvollen Mosaike auf den Plätzen. Obwohl es mehr hübsch als praktisch ist und zugleich viel Arbeit, können sich die meisten Portugiesen ihre Städte nicht ohne diese Pflastersteine vorstellen.

Ich bin immer wieder fasziniert, mit welcher Präzision und Geduld die Arbeiter nach Bauarbeiten die Mosaike neu legen und mit einem kleinen Hammer die Steine anpassen. Das Handwerk ist eines der ältesten des Landes und reicht bis ins 15. Jahrhundert zurück. Damals entstanden die ersten Straßenpflaster, um den Warentransport vom oder zum Schiff zu erleichtern und zu beschleunigen, später wurden auch Gehwege gepflastert. Im 19. Jahrhundert erhielt die portugiesische Kunst ihren Namen: Calçada portuguesa, portugiesisches Straßenpflaster. Die ersten Pflasterer waren Gefangene. Später entstand dafür in Lissabon eine Schule, die einzige in Portugal. Heute ist der harte Beruf vom Aussterben bedroht. Zu Ehren dieses Handwerks steht eine Statue zweier Pflasterer am Praça dos Restauradores. Der Platz liegt zwischen der Prachtstraße Avenida da Liberdade mit den großen Mosaik-Bildern auf dem Gehweg und dem Rossio mit seinen eindrucksvollen schwarz-weißen Wellen, dem Kunstwerk „Mar Largo“, Weites Meer, das den Wellen an der Copacabana gleicht.

TIPP

Die beeindruckende Windrose am Seefahrerdenkmal in Belém mit einem Durchmesser von 50 Metern.

● Estatua da Homenagem ao Calceteiro, Praça dos Restauradores 15, 1250-096 Lissabon

● ÖPNV: Haltestelle Restauradores

Wie auf dem Dorf

76

Der Stadtteil Carnide

Zugegeben, er liegt weit außerhalb, aber ein Abstecher in den kleinen Stadtteil Carnide lohnt sich besonders für diejenigen, die eine Pause vom Großstadtleben brauchen und traditionelle portugiesische Küche mögen. Weit im Norden, hinter dem Stadtwald Monsanto und dem Zoo von Lissabon, liegt Carnide. Von der U-Bahn-Station gehen wir über die viel befahrene Avenida hoch ins kleine Zentrum des Stadtteils – und schwups werden wir von der Großstadt aufs Dorf katapultiert. Wir bekommen einen guten Eindruck, wie sich das Leben in einem kleinen portugiesischen Ort abspielt. Carnide ist der einzige Stadtteil Lissabons mit vollständig erhaltenem altem Dorfkern, und so reihen sich hier ein- bis zweistöckige Häuser um einen kleinen Platz, manche davon mit Blumenranken bewachsen. Auf dem Platz steht ein alter Musikpavillon, auf den Bänken drum herum sitzen Jugendliche, die nach Schulschluss hier Musik hören. Ansonsten sind vor allem ältere Menschen unterwegs, die viel mehr Zeit zu haben scheinen als diejenigen weiter unten in der Stadt. Sie bleiben mit ihren Einkaufstaschen beladen an Straßenecken stehen und quatschen, jeder scheint sich zu kennen. Die Herren spielen an den dafür vorgesehenen Steintischen unter Bäumen noch gemütlich Mühle, wie ich es vor Jahren in Lissabons Zentrum zum letzten Mal sah. Fenster stehen weit geöffnet, nicht selten schaut jemand heraus und grüßt.

TIPP

Der Parque Botânico do Monteiro-Mor. Einer der ältesten botanischen Gärten Portugals.

In den meisten Häusern um den Platz befinden sich Cafés und Restaurants. Besonders abends und am Wochenende ist hier einiges los, dann kommen die Lissabonner nach Carnide, um einen entspannten Abend mit traditionellem Essen zu genießen. Denn dafür ist das Viertel bekannt: Es soll die traditionellsten Restaurants der Stadt haben. Wie das Portas Verdes, das an seiner dunkelgrün gestrichenen Tür zu erkennen ist. Auf zwei Etagen wird Fleisch auf heißem Stein serviert, gegrillter Fisch oder Oktopus, dazu Kartoffeln oder Reis, Pommes und Salat.

- Portas Verdes, Rua Neves Costa 22, 1600-534 Lissabon
- ÖPNV: Haltestelle Carnide

Portas Verdes
20·DC·94

Ein Schluck Gelassenheit

77 Tee aus Portugal

Die Tür schließt sich, plötzlich ist es still und duftet exotisch-würzig. Wir befinden uns in einem antiken Ladenlokal. Es ist ein Schuhgeschäft aus dem Jahr 1880, in dem heute noch einige der Originaleinrichtungsgegenstände stehen, hübsch restauriert. Statt Schuhen befinden sich nun aber Tees in den schweren Holzregalen, verpackt in stilvollen luftdichten Keramik-Behältern. Sebastian Filgueiras tritt mit einer gemütlichen Langsamkeit aus dem Nebenraum. Natürlich weiß er alles über Tee und ist von dem Getränk begeistert. Seine Passion teilt er auch gern, ohne sich aufzudrängen. In seinem Geschäft hat er Tees aus der ganzen Welt: Darjeeling, Yunnan, Matcha, Gyokuro, Tee aus Ruanda und Vietnam. Trotz der historischen Verbindung Portugals zu Asien und dem Orient ist dieser Laden einer der wenigen in Lissabon, die sich ganz dem Tee widmen. Ein Bestseller ist der portugiesische Earl Grey, ein klassischer Earl Grey mit Zitrusfrüchten aus Portugal. Aber es gibt auch Tee, der in Portugal wächst – auf den Azoren. Der Teeanbau auf der Inselgruppe wird von der örtlichen Regierung gefördert.

Ein Tipp ist die hauseigene Mischung „Lisbon Breakfast“: Schwarztee von den Azoren mit Ceylon-Tee. Und, ganz besonders und selten: der „Weiße Portugiesische Tee“ von den Azoren. Er kommt verpackt in einer hübschen beigefarbenen Schachtel mit dem Scherenschnitt von Katharina von Braganza, der portugiesischen Prinzessin. Man sagt, dass sie die Teekultur in Europa populär machte. Sie wurde im 17. Jahrhundert mit dem englischen König Karl II. verheiratet und hatte schon immer die Gewohnheit, zum Frühstück eine Tasse Tee zu trinken. Denn Tee tut einfach gut und entspannt. Wer wie Katharina und ich zu jeder Jahreszeit Tee trinkt und zu Hause eine große Auswahl an verschiedenen Teesorten hat und gern neue ausprobiert, wird diesen Teeladen lieben. Besonders im kalten deutschen Winter entfaltet das hier erstandene getrocknete Glück seine volle Kraft und lässt kurz die portugiesische Sonne scheinen.

● Companhia Portugueza do Chá, Rua do Poço dos Negros 105, 1200-337 Lissabon
● ÖPNV: Haltestelle Rua Poço dos Negros

105A
107
COMPANHIA
PORTUGUEZA
DO CHÁ
Vieira & Pinto, Lda.
LISBOA
COMPANHIA
PORTUGUEZA
DO CHÁ
Vieira & Pinto, Lda.
LISBOA

Wie im Märchen

78 Sintra

Wer nach Lissabon kommt, sollte sich einen Tag Zeit nehmen, das nahe gelegene Sintra zu besuchen. Es ist der sehenswerteste Ort in der Umgebung. Das UNESCO-Weltkulturerbe liegt im Gebirge Serra da Sintra und hat so viele Paläste, dass man sie an einem Tag gar nicht alle besichtigen kann. Natürlich hat sich die märchenhafte Atmosphäre herumgesprochen, und so bevölkern täglich viele Besucher die kleine Altstadt. Vom Bahnhof erreichen wir sie zu Fuß in ungefähr 10 Minuten. Zuerst treffen wir auf den Parque da Liberdade. Dieser weitläufige Park ist meist nicht so überfüllt wie die anderen und kostet keinen Eintritt. Wie überall in Sintra gibt es hier verschlungene Wege, verschiedene Pflanzen, versteckte Rückzugsmöglichkeiten und eine tolle Aussicht. Kurz darauf erreichen wir die Altstadt und den Palácio Nacional de Sintra mit seinen weißen Küchenkaminen. Er ist der letzte noch erhaltene mittelalterliche Königspalast Portugals. Die imposante Großküche mit den riesigen Kaminschächten hat mich beeindruckt.

Mein Lieblingsort in Sintra ist die Quinta da Regaleira, ein romantisch-rätselhafter Garten mit Labyrinth, Grotten, Wasserfällen und einem geheimnisvollen Brunnen. Ich hatte das Glück, den Garten noch zu einer Zeit besuchen zu können, in der nicht viele Menschen dort waren. Das Erkunden des Tunnelsystems war gerade bei dem häufigen Nebel in Sintra sogar etwas unheimlich. Von hier aus sind die Mauern der Maurenfestung in den dicht bewachsenen Bergen zu sehen. Sie wurde im 8. oder 9. Jahrhundert angelegt. Eine Wanderung führt hinauf, man kann aber auch einen Bus nehmen. Das Gleiche gilt für das prächtige, bunte und sehr eindrucksvolle Märchenschloss, den Palácio Nacional da Pena. Der Palast selbst lädt außen wie innen zum Erkunden ein, die verschiedenen Farb- und Stilmixe sind tolle Fotomotive. Innen sind die komplett eingerichteten Räume der Königsfamilie zu sehen, die seit 1910 nicht mehr verändert wurden. Die Sicht aus den Bergen ist grandios.

TIPP

In Sintra ist es immer kühler als in Lissabon. Eine Jacke einpacken.

- Estação de Sintra, 2710-590 Sintra
- ÖPNV: Bahnhof Sintra

Lissabonner Leckereien

79 Café A Cabreira

Obwohl die Gentrifizierung auch vor dem Viertel Graça nicht haltgemacht hat, besitzt dieses Arbeiterviertel noch viel von seinem ursprünglichen Charme. Die hübschen Plätze, die typischen Straßen, die kleinen Cafés und Geschäfte. Graça ist vor allem für seine Aussichtspunkte bekannt. Wie der beliebte Miradouro da Graça mit seiner sehenswerten Kirche und guten Aussicht. In ihrer unmittelbaren Nähe, direkt am Platz Largo da Graça, wo die Straßenbahnlinie 28 hält, gibt es einige Cafés, Restaurants und Geschäfte. Es ist der Treffpunkt des Viertels.

Hier ist auch das Café A Cabreira, ein typisch portugiesisches Café, das so aussieht, wie früher die meisten Cafés ausgesehen haben: Langer Tresen, in dem hinter einer Glasscheibe die Leckereien liegen, davor stehen Männer und Frauen und trinken ihren Kaffee. Im hinteren Teil des schmalen Raums stehen einfache Tische und Stühle. Vor dem Café sind zwei Plastiktische am Straßenrand aufgestellt. Es ist kein hübsches Café, aber traditioneller geht es nicht, auch was die Preise betrifft. Daher ist es die ideale Adresse für typisch portugiesische Backwaren, süß und herzhaft, aus eigener Herstellung. Die sind hier richtig gut! Wie die Blätterteigtaschen, gefüllt mit Spinat und Feta oder Schinken und Käse, die Pão de Deus, Gottes Brot genannten Milchbrötchen mit Kokoshaube, oder Queijadas, cremige Käseküchlein. Wir stellen uns eine kleine Auswahl an herzhaftem und süßem Gebäck zusammen und nehmen es mit zum Jardim da Cerca da Graça, der unter dem Miradouro da Graça liegt. Hier gibt es eine fast 2 Hektar große Liegewiese, was für Lissabon selten ist. Auf der machen wir es uns unter einem der Obstbäume gemütlich, blicken auf die Burg São Jorge und stehen vor der luxuriösen Wahl, welche Leckerei wir zuerst probieren. Süß oder herzhaft – was macht glücklicher?

● A Cabreira, Largo da Graça 22, 1170-165 Lissabon
● ÖPNV: Haltestelle Graça

CONSULTÓRIO VETERINÁRIO
DA GRAÇA
CHAVE D'OURO CAFÉS
A Cabreira
Pastelaria
Fabrico Próprio
22
CHAVE D'OURO
ira
CHAVE D'OURO
23

Ein Tag am Meer

80

Im Strandort Cascais

Lissabon liegt zwar nicht direkt am Meer, aber das ist nicht weit weg. Am einfachsten sind die Strände im Westen zu erreichen: Eine schöne Bahnstrecke führt entlang der Küste zu verschiedenen kleinen und etwas größeren Strandbuchten. Der längste Sandstrand liegt in Carcavelos. Er ist besonders bei Jüngeren beliebt, die hier surfen und Beachvolleyball spielen. Hier ist immer viel los, bis spätabends. Mein Lieblingsstrand ist die ruhigere Praia das Avencas. Um hierhin zu kommen, muss man in Parede aussteigen. Der Strand ist klein und hübsch zwischen Felsen gelegen. Hier kann man nicht bis spät bleiben, weil die Flut dann den Strand überspült.

Der allgemein beliebteste Halt ist aber die letzte Station der Bahnlinie: Cascais. Das frühere Fischerdorf ist heute der nobelste Wohnort im Großraum Lissabon. Ich komme nicht zum Baden, sondern zum Spazieren, zum Eisessen und für einen Tag Sommerurlaub. Kurz hinter dem Bahnhof liegen die ersten Strände: Praia da Duquesa und Praia da Conceição. Ein Stückchen weiter die Praia da Rainha mit den vielen Segel- und Fischerbooten. Hier müssen wir uns entscheiden: Gehen wir erst eine Runde durch die hübsche Altstadt oder weiter am Meer entlang? In den Gassen mit den bunten Häuschen und vielen Kirchen, zwischen der Palmenallee und blühenden Bäumen, gibt es zahlreiche Restaurants und Cafés. Wer am Meer entlangspaziert, trifft bald auf den fotogenen blau-weiß gestreiften Leuchtturm. Auf der anderen Seite befindet sich der besonders bei Familien beliebte und weitläufige Park von Cascais, der Parque Municipal da Gandarinha, mit vielen Pfauen und anderen Vögeln. Weiter an der Küste entlang kommen wir nach einiger Zeit zum Boca do Inferno: Höllenschlund. Ein großes vom Meer ausgewaschenes Felsenloch mit kleinen Höhlen, in dem sich die Wellen mit lautem Getose brechen. Sehr beeindruckend! Wir sind nun 2 Kilometer vom Stadtzentrum entfernt. Zu Fuß würde ich nicht weitergehen, mit dem Rad kann man die Küstenstraße noch etwas entlangradeln und den Blick aufs Meer genießen.

TIPP

Leihräder gibt es am Bahnhof und in der Altstadt.

● Estação de Cascais, Largo da Estação, 2750-340 Cascais
● ÖPNV: Bahnhof Cascais